Günther Moewes

Arbeit ruiniert die Welt

GÜNTHER MOEWES

ARBEIT RUINIERT DIE WELT

Warum wir eine andere Wirtschaft brauchen

nomen

1. Auflage 2020

www.nomen-verlag.de

Umschlaggestaltung: Buchgut, Berlin
Titelillustration: Andreas Töpfer
Satz: Uhl + Massopust, Aalen
Druck und Bindung: Friedrich Pustet, Regensburg
Printed in Germany

ISBN 978-3-939816-74-4

Inhalt

Vorwort

Ein Unterschied zwischen notwendiger und vermeidbarer oder gar schädlicher Arbeit wird in der heutigen Ökonomie nicht ernsthaft gemacht. Es gibt dazu auch keine nennenswerte Forschung. Es herrscht das Mantra vor, dass alle Arbeit gut sei und den Wohlstand erhöhe. Die Physik ist da schon weiter. Seit 155 Jahren unterscheidet sie zwischen Arbeit, die Material bewegt und solcher, die keins bewegt. Und ob sie sich fossiler oder solarer Energie bedient. Lediglich die letzte Unterscheidung haben fortschrittliche Teile der Ökonomie bisher zu übernehmen versucht.

Schon 1963 hat Heinrich Böll die Haltung der Wirtschafts- und Wachstumsgesellschaft in einer wunderbaren kleinen Novelle treffend beschrieben (Lit. Kap. 4): Ein westlicher Tourist trifft ganz früh am Morgen in einem Hafen »an einer westlichen Küste Europas« auf einen dösenden Fischer. Auf die Frage, warum er bei dem herrlichen Wetter nicht zum Fischen ausgelaufen sei, antwortet der Fischer, er sei bereits einmal ausgelaufen. Der Fang »war so gut, dass ich nicht noch einmal auszulaufen brauche. […] Ich habe sogar für morgen und übermorgen genug.« Das regt den Touristen furchtbar auf: »[...] stellen Sie sich vor, [...] Sie würden [...] nicht nur heute, sondern morgen, übermorgen, ja, an jedem günstigen Tag zwei-, dreimal, vielleicht viermal ausfahren [...] Sie würden sich spätestens in einem Jahr einen Motor kaufen können, in drei oder vier Jahren vielleicht einen kleinen Kutter haben [...] eines Tages würden Sie zwei Kutter haben [...] Sie würden ein kleines Kühlhaus bauen, vielleicht eine Räucherei, später eine Marinadenfabrik, mit einem eigenen Hubschrauber rundfliegen, die Fischschwärme ausmachen und Ihren Kuttern per Funk Anweisungen geben. Sie könnten die Lachsrechte erwerben, ein Fischrestaurant eröffnen, den Hummer ohne Zwischenhändler direkt nach Paris exportieren und dann [...].« – »Was dann?« fragt der Fischer leise. – »Dann könnten Sie beruhigt hier im Hafen sitzen, in der Sonne dösen – und auf das herrliche Meer blicken.« – »Aber das tu' ich doch schon jetzt«, sagt der Fischer.

Besser konnte man 1963 nicht beschreiben, warum die Wirtschaft bis heute unseren Planeten derart ruiniert hat. Dieser Zustand unseres Planeten und seine Ursachen, die seit 2014 in den Beiträgen dieses Buches angesprochen wurden, sind durch die Corona-Krise plötzlich noch deutlicher geworden.

Von einem Tag auf den anderen wird die bisherige Austeritätspolitik über Bord geworfen. Billionen werden locker gemacht. Das legt den Verdacht nahe, dass vieles, was bisher als »nicht finanzierbar« galt, vielleicht doch finanzierbar gewesen wäre. Zum Beispiel ein Grundeinkommen. Und dass das bisherige Mantra einer beschäftigungsbasierten Wirtschaft vielleicht doch falsch ist, wonach Wohlstand nur durch menschliche Arbeit entstehen kann, auch dann, wenn diese überflüssig, sinnlos oder gar schädlich ist. Es waren ja die Auswüchse dieser falschen Wirtschafts- und Arbeitsideologie, die die Ausbreitung der Pandemie zumindest befördert haben:

- die Sprengung der planetaren Grenzen durch Übervölkerung infolge Armut
- der globale Mobilitätswahn durch vermeidbaren Handel und Tourismus
- die Störanfälligkeit der Produktionen durch künstlich verkomplizierte Lieferketten
- die globale Entsolidarisierung durch nationalen Egoismus und Wettbewerb.

Ungehemmter Nationalismus, wenn er in der Bevölkerung auftritt mit Recht kritisiert, wird in der Wirtschaft beharrlich als Tugend und Wettbewerbsvorteil dargestellt. Jeder Globalisierungskritik wird die wenig überzeugende Belehrung entgegengestellt, dass jede globale Vermischung regionaler Kulturen, Lebensgewohnheiten, Architekturen, Stadt- und Landschaftscharaktere zu Bereicherung und größerer Vielfalt führe. Das Gegenteil ist der Fall. Die Welt wird zum zivilisatorischen Einheitsbrei. Ihre

Vielfalt wird abgebaut. Die verhängnisvolle, antievolutionäre und unumkehrbare Vermischung – in der Physik seit 150 Jahren als »Entropie« kritisiert – wird von Wirtschaft und Politik beharrlich als Fortschrittsmotor dargestellt.

Wir erleben, wie von niemandem gewählte Milliardäre immer größere Milliardenbeträge der demokratischen Verfügung durch die gewählten Parlamente entziehen. Kann man das noch »Demokratie« nennen? Die Milliardäre haben eine Welt der zwei Realitäten geschaffen: Auf der einen Seite die offizielle Welt der Sozialprodukte, der Staatshaushalte, der Löhne und Gehälter, der normalen Privatvermögen und der Inflation. In dieser Welt lagen die jährlichen Zuwachsraten vor der Coronakrise bei ein bis zwei Prozent, in einigen Aufbruchsländern wie China vorübergehend etwas höher. Auf der anderen Seite die Welt der privaten Milliardärsvermögen. In ihr lagen und liegen die jährlichen Zuwachsraten bei sechs Prozent. Die Staaten wirken dieser Umverteilungsautomatik von unten nach oben nicht durch angemessene Rückverteilung entgegen. Im Gegenteil: Sie verstärken sie noch, etwa indem sie

- in Europa ärmeren Staaten die Abwertungsmöglichkeit ihrer Währung entziehen
- mit ihrer Exportwut Wirtschaften weniger entwickelter Ländern zerstören
- oder einfach alle staatliche Rückverteilung als »Umverteilung« denunzieren.

Wenn über die Zerschlagung der deutschen Traditionsfirma WMF und die Entlassung tausender Arbeiter nicht mehr vom gewählten Parlament in Baden-Württemberg entschieden wird, sondern vom ungewählten US-Anlageriesen BlackRock in New York – kann man das dann noch »Demokratie« nennen?

Die immer monströsere Ungleichverteilung beschränkt sich aber nicht nur auf Kapital und Vermögen. Sie dehnt sich auf alle Lebensbereiche aus. Etwa auf die organisierte Nichtbeachtung des Einzelnen: In Prolli-Medien und »sozialen« Netzwerken genießen aufgeblasene Scheinpromis eine Überbeachtung, deren gesellschaftlichen Sinn oder Vorbildcharakter man vergeblich sucht. Auf der anderen Seite wird den sozial Abgehängten so lange das letzte Selbstwertgefühl geraubt, bis sie in ihrer sozialen Vereinsamung Amok, Terrorismus und Herostratentum anheimfallen und sich die verweigerte Beachtung gewaltsam verschaffen.

Selbst berechtigte Bevölkerungsproteste verlieren sich im Irrationalen. Deutsche Bauern protestieren – im Gegensatz zu britischen – nicht etwa gegen fortschreitende Agrar-Industrialisierung und Flächenkonzentration, gegen Fastfood und Insektensterben, sondern für das »Recht« auf Einbringen von Gülle. Und das mit Treckern und Diesel.

Regierungen werden bei der Nachsorge manchmal besser, bei der Vorsorge aber immer schlechter.

Der Klimawandel ist ja längst unaufhaltsam da. Es wird in Deutschland nicht immer mehr Dürrejahre geben, sondern unter anderem infolge fehlender Gletscher und Höhenwinde fast nur noch Dürre. Anstatt endlich damit zu beginnen, Stauseen, Rückhaltebecken, Moorvernässungen, Flussauen, Bewässerungskanäle und Berieselungsanlagen anzulegen, lässt man Brüssel und die Agrarminister über nachträgliche finanzielle Dürrehilfen für Großflächen nachdenken.

Nicht alle Arbeit ruiniert also die Welt. Präventionsarbeit kann sie retten. Doch je unregierbarer die Staaten werden, desto mehr werden sich die Dinge »natürlich« regeln. Etwa indem die Natur gegen die von einer falschen Ökonomie und Politik ausgelösten Kriege, Klimazerstörungen und Flüchtlingswellen mit immer neuen Pandemien reagiert.

Schon 1998 hatte mich die Frankfurter Rundschau einen »Kulturpessimisten« genannt. Umso mehr danke ich ihr dafür, dass sie meinen eher pessimistischen Betrachtungen dennoch Raum bot. Das ungewohnte Format von etwa 2200 Zeichen erwies sich als ungemein disziplinierend. Die insgesamt 50 Kolumnen und Beiträge wurden in dem Buch thematisch fünf Kapiteln zugeordnet. Dadurch werden naturgemäß die Wiederholungen sichtbar, die infolge des zeitlichen Abstands der einzelnen Kolumnen voneinander notwendig wurden. Sie wurden aus Gründen der Authentizität nicht beseitigt. Der Leser möge mir das verzeihen.

Vielleicht trägt das Buch ja etwas dazu bei, dass auch ökonomische Laien sich für Ökonomie zu interessieren beginnen.

6.05.2020
Günther Moewes

1. Welcher Reichtum erzeugt Armut?

Jenseits aller Vorstellungen

Die Superreichen sind so vermögend, dass wir uns davon gar kein richtiges Bild mehr machen – und deshalb nicht aufschreien?

Die Ungleichheit der Einkommen und Vermögen wächst und wächst. Inzwischen besitzen weltweit die 85 reichsten Milliardäre so viel wie die halbe Menschheit. 211 275 Personen verfügen über 30 Millionen Dollar oder mehr. Sie kommen auf ein gemeinsames Vermögen von 30 Billionen Dollar, was im Durchschnitt 142 Millionen Dollar pro Kopf entspricht. Das sind ungeheuerliche Zahlen. Der große Aufschrei bleibt jedoch aus. Selbst die am stärksten betroffene Jugend nimmt die steigende Ungleichheit fast gleichgültig hin. Wie kommt das?

Eine der Hauptursachen: das ganze Ausmaß der Ungleichverteilung wird überhaupt noch nicht richtig begriffen. Es entzieht sich der menschlichen Vorstellungskraft. Wie kann man diese Dimension veranschaulichen? In dem 10-Säulen-Diagramm des DIW zur Vermögensverteilung in Deutschland ist die rechte, reichste Säule 12 cm hoch. Diese reichsten zehn Prozent der Bevölkerung haben ein durchschnittliches Pro-Kopf-Vermögen von etwa 603 000 Euro (50 000 Euro = 1 cm). Das Durchschnittsvermögen aller Deutschen wäre 1,76 cm hoch.

An der äußersten rechten Kante der reichsten Säule läge das Vermögen des reichsten Deutschen, des kürzlich verstorbenen Aldi-Gründers Theo Albrecht, mit seinen 20,7 Milliarden Euro. In meinen Vorträgen frage ich immer: Wie groß müssten diese 20,7 Milliarden in der Grafik sein? Die Zuhörer sagen dann: »Das geht gar nicht mehr auf die Seite!« Tatsächlich müsste der Balken 4,14 km hoch sein.

4,14 km für das größte Vermögen gegen 1,76 cm für das Durchschnittsvermögen – das ist das Ausmaß der Ungleichverteilung in Deutschland! In Wirklichkeit ist der Unterschied noch größer. Denn die ärmere Hälfte der Bevölkerung hat zusammen null Vermögen – und ein Teil davon sogar Schulden.

Das Ausbleiben des Aufschreis hat auch noch eine andere Ursache: Viele Leute glauben, wenn es viele Superreiche gäbe und wenn die sich für ein paar Millionen eine Luxusyacht bauen lassen, schafften sie Arbeit und Einkommen, die ohne sie nicht geschaffen würden. Solche Vorstellungen sind ökonomisch falsch, werden aber von der neuen reichen

»Superklasse«, von ihren »Thinktanks« und Stiftungen durch allerlei Pseudotheorien kräftig unterstützt: »Die steigende Flut hebt alle Boote.« »Wenn die Reichen genug haben, tropft für die Armen schon genug herunter.« (Trickle-Down-Theorie) »Wir können den Schwachen nur etwas abgeben, wenn wir genügend Starke haben.« (Regierungserklärung der Kanzlerin)

Richtig ist: Das Sozialprodukt ist zu jedem Zeitpunkt eine feste, endliche Größe und kann nur einmal verteilt werden. Die Superreichen konnten nur deshalb ihre Milliarden anhäufen, weil sie nicht angemessen besteuert wurden und dem Staat nun das Geld für Straßenreparaturen, Polizisten und Lehrer fehlt. Wertschöpfung entsteht nur aus Arbeit. Die Milliarden der Superklasse entstanden zum großen Teil aus der Arbeit anderer. Aus Lohndumping bei ihrem eigenen Personal, aus Preisdumping bei ihren Zulieferern, aus Monopoltricks oder Finanzspekulationen auf Kosten anderer. Aus Abschöpfung, nicht aus Wertschöpfung. Großreichtum entsteht immer aus der Arbeit anderer.

Die gigantische Ungleichverteilung kann grundsätzlich nur durch eine angemessene Besteuerung der Superreichen überwunden werden. Das wäre keine »Umverteilung« von oben nach unten, sondern bestenfalls eine »Rückverteilung« bisheriger Umverteilung von unten nach oben. Die Regierungen verhindern das erfolgreich mit der Wahlkampfparole

»Keine Steuererhöhungen«. Gewollt ist in Wirklichkeit: »Keine Steuererhöhungen für Superreiche«.

Dazu ein einfacher Gedankengang: Da die reichsten zehn Prozent über 70 Prozent der Vermögen verfügen, würde es die Ungleichverteilung am wirkungsvollsten verringern, wenn man nur diese zehn Prozent besteuern würde. Jede Besteuerung der »unteren« 90 Prozent würde demgegenüber die Ungleichverteilung nicht verringern, sondern weiter vergrößern. Eine solche abrupte Steuerstufe wäre allerdings willkürlich und müsste gleitend gemacht werden. Die Überlegung zeigt aber: Sehr viele Steuern verringern die Ungleichverteilung nicht, sondern erhöhen sie noch. Damit müsste eine Steuerreform zuerst aufräumen.

Gastbeitrag aus der Reihe
»Was ist gerecht?« vom 3.12.2014

Automatisch reicher

Warum Geldvermögen exponentiell wachsen

Wieso wird der Unterschied zwischen Arm und Reich immer größer? Man begründet das gern mit der Gier von Kapitalisten und Finanzhaien. Im »Rheinischen Kapitalismus« nach 1948 sei das noch anders gewesen: »Mehr als 60 000 DM im Jahr kann man nicht ausgeben«, sagte Robert Bosch. Politiker predigten »Maßhalten!«. Der Staat hatte keine Schulden, sondern ein Milliardenvermögen. Viele glauben deshalb, man sei damals weniger gierig gewesen als heute.

In Wirklichkeit wird die Auseinanderentwicklung von Arm und Reich in erster Linie von einer gewaltigen exponentiellen Automatik getrieben. Das reale Bruttoinlandsprodukt (BIP) steigt in Deutschland und vielen anderen Industriestaaten seit 1950 stur linear: gleichbleibende Zuwächse, ansteigende Gerade. Die privaten Geldvermögen dagegen steigen überwiegend exponentiell: Verdoppelung nach jeweils gleichen Zeitschritten. Jeder Zuwachs erzeugt im Folgejahr einen noch größeren. Ursachen waren zuerst Zinsen, Gewinne und Mieten, später »neue Finanzkonstruktionen«, die Entwertung der Arbeit und reichenfreundliche Steuern.

Weshalb aber gab es diese Auseinanderentwicklung in der ersten Nachkriegszeit nicht? Auch hier ist der Grund mathematisch. 1948 fingen – historisch einmalig – die beiden Kurven von BIP und privaten Geldvermögen ziemlich genau im gleichen Punkt bei Null an, letztere aufgrund der Währungsreform. Exponentielle Kurven beginnen zuerst immer fast horizontal und harmlos. Bis 1975 stieg deshalb das reale BIP schneller als die noch fast horizontale Kurve der privaten Geldvermögen.

Starökonom Piketty würde sagen: r (Kapitalrendite) war kleiner als g (Wirtschaftswachstum). Erst danach begannen die Geldvermögen schneller zu steigen als das BIP und überholten es 1987. Heute steigen sie immer vertikaler, während die aufsteigende Gerade des BIP weiter zurück bleibt.

Diese Anhäufungsautomatik verlangt ein stetiges entschlossenes Entgegenwirken des Staates. Der will die aber gar nicht erkennen. Stattdessen hat er schon 1948 aus Komplizenschaft mit den Reichen den Grundstock zur heutigen Ungleichverteilung gelegt: Während Normalbürger bei der Währungsreform nur 40 DM pro Kopf erhielten, durften Milliardäre ihre Sachvermögen ungekürzt aus der Nazizeit herüberretten. Die stiegen dann auch exponentiell. Die Arbeitseinkommen nicht.

Gastwirtschaft, 13.11.2015

Die zwei Seiten der Medaille

Je größer der Reichtum, desto größer die Armut

Wenn Oxfam neue Daten zur Ungleichverteilung bekannt gibt, holen die Mainstream-Medien zum Gegenschlag aus. Kostproben vom Januar 2017: Das

Problem sei nicht der Reichtum, sondern die Armut. Wer sein Vermögen im freien Wettbewerb erwirbt, nimmt niemandem etwas weg. Von den Milliardenvermögen profitieren doch letztlich alle. Alles aus der alten Voodoo-Kiste der Bereicherungsökonomie. Schwache wurden noch nie stark gemacht, indem man die Starken schwach macht. Die steigende Flut hebt alle Boote. Wenn man die Reichen nur gewähren lässt, tropft für die Armen schon genug herab.

Diese Aussagen tun so, als produzierten die Milliardäre etwas Zusätzliches auf das Sozialprodukt oben drauf, das ohne sie nicht produziert würde. Tatsächlich ist das Sozialprodukt aber zu jedem einzelnen Zeitpunkt eine feste, endliche, bereits verteilte Größe. Primäre Wertschöpfung entsteht nur durch Arbeit von Menschen oder Maschinen. Gewinne, Zinsen und Mieten sind dagegen sekundäre Abschöpfung. Milliardenvermögen entstehen nie ohne Abschöpfung von der Arbeit anderer. Je größer der Reichtum, desto größer die Armut oder die Zahl der Armen. In den kommunizierenden Röhren der Ökonomie ist jede Luxusyacht Millionen ausgefallener Schulessen, jeder Luxuswohnturm Hunderte nicht gebauter Obdachlosenwohnungen.

Die Unsymmetrie der Ökonomie, auch die der Finanzmärkte: Je mehr Gewinner, desto mehr Verlierer. Vor allem aber: Schulden sind immer gleich Vermögen. Keine Verringerung der Schulden ohne Verringerung der Vermögen. Im Zeitalter der Nationalökonomie galt dieser Grundsatz meist noch für das geschlossene Gebilde Nation. Heute ist nur noch die ganze Welt ein geschlossenes Gebilde. Den Schulden der USA stehen die Vermögen der eigenen Milliardäre und die Staatsfonds von China, Japan und Saudi-Arabien gegenüber. Die haben de facto den Irakkrieg finanziert. Früher sagte man, Staatsschulden seien nicht so schlimm, weil ihnen ja gleich große private Vermögen gegenüber stünden. Dieser Satz mag bei Nullzins richtig sein. In den 80er Jahren musste der deutsche Staat aber jährlich bis zu 60 Milliarden Zinsen an ausländische Staatsfonds und reiche Privatverleiher zahlen. Die holte er sich beim Steuerzahler wieder. Auch das war einer der Motoren der heutigen Ungleichverteilung.

Gastwirtschaft, 28.02.2017

Die neue Superklasse

Eine kleine Elite herrscht über die Welt

Wer kennt Larry Fink? Chef des weltgrößten US-Beteiligungskonzerns BlackRock. Herr über vier Billionen Dollar Investmentkapital. Erfinder der Verbriefungen, die die Finanzkrise auslösten und einer der mächtigsten Männer der Welt. Wenn er hustet, werden bei der deutschen Traditionsfirma WMF 5400 Leute entlassen. Die können sagen: ich verdanke mein Schicksal einem Larry Fink aus den USA. Wo sind die Leute, die sagen können, mich haben Merkel und Gabriel vor einem solchen Schicksal bewahrt? Können unsere Politiker gegen solche Leute überhaupt noch laut Amtseid »Unheil vom deutschen Volke abwenden«?

Larry Fink gehört neben den Republikaner-Brüdern Koch und den NSA-Belieferern aus Silicon Valley zu den etwa 150 Milliardären und 147 Konzernherren, die die sogenannte »globale Superklasse« bilden. Viele Menschen fragen sich, ob die mit ihren Konzernen, Thinktanks, Medienzaren, Netzwerken wie Bilderberger und ihrer Privatisierungs-Ideologie des Neoliberalismus nicht längst die Welt regiert. Von niemandem gewählt, niemandem verantwortlich, sind ihre Ziele nirgendwo formuliert, aber knüppelhart: Sie will die weltweite, leistungslose Kapitalabschöpfung von der erarbeiteten Wertschöpfung vorantreiben, vor steuerlichen Zugriffen schützen und ihr Primat gegenüber Regierungen und Bevölkerungen ausbauen. Sie will Arbeit und Umwelt immer mehr entwerten und die Haftung für ihre globalen Finanzspekulationen auf die nicht spekulierenden Bevölkerungen abwälzen. Was ihr mit Hilfe von »Troika« und »Rettungsfonds« derzeit bereits gut gelingt. Und sie will nach und nach mit Hilfe von Schiedsgerichten eine kapitalhörige private Paralleljustiz einrichten. Neben der ihr bereits hörigen US-Justiz, die zum Beispiel ihr zuliebe soeben die bisherige US-Höchstgrenze für Partei- und Wahlkampfspenden beseitigt hat. Am Ende entscheiden irgendwelche New Yorker Bezirksrichter über das Schicksal von IWF-Präsidenten, Schweizer Banken, FIFA und Argentinien.

Und die Politik? Anstatt dem Treiben von Schattenbanken und angelsächsischen Finanzkonzernen ein Ende zu setzen, rufen Merkel und Gabriel ihnen freudig zu: »Yes we can!« Und der Superstasi aus Silicon Valley schmeißen sie schnell noch die Vorratsdatenspeicherung hinterher.

Gastwirtschaft, 21.08.2015

Anmerkung:
Mit dem »IWF-Präsidenten« ist Dominique Strauß-Kahn gemeint, der Vorgänger der früheren IWF-Präsidentin und heutigen EZB-Chefin Christine Lagarde. Er war von Haus aus Sozialist und hatte gegen den französischen Präsidenten Sarkozy kandidiert. Ihm war daraufhin mit äußerst fragwürdigen Zeugen eine »unangemessene« Sex-Affäre in einem New Yorker Hotel angehängt worden. Gegen sechs Millionen Dollar Kaution wurde er von der Bezirksrichterin aus der Haft entlassen, konnte aber seinen Sturz und das Ende seiner politischen Karriere nicht mehr aufhalten.

»Argentinien« bezieht sich auf die Pfändung des argentinischen Segelschulschiffs in einem ghanaischen Hafen durch US-Hedge-Fonds. Aufgrund der Schulden gegenüber den Hedgefonds (unter anderem von Paul Singer und John Paulson) hat der argentinische Präsident später den Staatsbankrott erklärt. Forderung und Pfändung des Schulschiffs wurden jedoch schließlich vom internationalen Seegericht in Hamburg und von einem US-Gericht für unzulässig erklärt.

So geht es eben in der neuen Superklasse zu.

Nicht zu bremsen

Die Superreichen mehren ungestört ihre Macht

Die immer größere globale Ungleichverteilung zwischen immer Reicheren und immer Ärmeren ist Ergebnis der knüppelharten Strategie der neuen globalen Superklasse aus Milliardären, Konzernherren und US-Rechten. Ihre privaten Billionen dienen immer weniger der Realwirtschaft und immer mehr dem Zugriff auf die von anderen erarbeitete Wertschöpfung. Etwa durch High-Speed-Spekulation über eigens dafür verlegte Atlantikkabel. Oder dem Zugriff auf bisheriges staatliches Eigentum: deutsche Wohnungen, italienische Villen und Kunstschätze, griechische Häfen und Flugplätze, syrische Antiken, indonesische Regenwälder. Sie lässt die Höchstgrenzen für US-Wahlkampfspenden aufheben und sucht bisherige Aufgaben staatlicher Justiz an private Schiedsgerichte und Anwaltskanzleien zu übertragen.

Ihre Konzerne vertreiben Reisbauern, indem sie ihre Hütten anzünden, und ihre Banken veranstalten illegale Räumungen in den USA und Spanien. Ihre ungewählten Vertreter und Netzwerke melden auf Weltwirtschaftsforen immer dreistere Gestaltungsansprüche an. Ihre Sonderabteilung »Militärisch-industrieller Komplex« (MIK), vor dem schon Eisenhower 1961 warnte, hat Vietnamkrieg und Irakkrieg angezettelt, fälschte Kriegsgründe und veranstaltete »Wiederaufbaukonferenzen« noch vor der profitablen Zerstörung. Was bei Willy Brandt noch »demokratischer Sozialismus« hieß, verteufeln sie als Kommunismus.

Dieser Brutalstrategie von oben entsprechen devote Reflexe und vorauseilender Gehorsam der Politik: Armutsrenten und Hartz-IV-Schikane statt Reichensteuer, Kapitulation in Whistleblower- und Abhöraffären, vor Schattenbanken und Heuschrecken, Rechtfertigung von Waffenexporten mit Arbeitsplätzen. Wer die griechische Bevölkerung am besten verarmt, wird beliebtester deutscher Politiker. Von den Wirtschafts-Rechten von oben ausgelöste Flüchtlingsströme kommen den Rechtspopulisten unten zugute.

Die Mehrheit schimpft auf Streiks und stellt sich im Supermarkt willig an, wenn der mit Rücksicht auf seine Kapitalanleger spart und keine zweite Kasse besetzt. Sie schimpft auf die Stasi, wirft aber den »sozialen« IT-Netzwerken ihre intimsten Daten hinterher.

Fazit: durch öffentliche Dummheit und kollektive Selbstentmannung ist die Macht der Superklasse nicht zu brechen.

Gastwirtschaft, 29.12.2015

Großvermögen abschöpfen

Nur massive Steuern für die Superreichen schaffen einen Ausgleich

Die 85 Reichsten dieser Welt besitzen inzwischen so viel wie die halbe Menschheit. 147 globale Konzerne steuern die Hälfte der Weltwirtschaft. Es entsteht ein neuer Imperialismus einer Superklasse, zu der man bald wieder nur noch per Geburt Zutritt hat. »Refeudalisierung« nennt das Habermas. Beängstigend das Tempo, mit dem diese Ungleichverteilung zunimmt. Laut Oxfam verdoppeln sich die Vermögen des reichsten Prozents der Weltbevölkerung inzwischen jedes Jahr. 2016 wird ihnen so viel gehören wie den restlichen 99 Prozent der Menschheit. Ausmaß, Ursache und Zunahmetempo dieser Ungleichverteilung sind seit 20 Jahren bekannt, nicht erst seit Piketty. Es ist neben Klimawandel und Umweltzerstörung unser größtes Problem. Die Politik steckt jedoch den Kopf in den Sand.

Unser geltendes Steuersystem vergrößert die Ungleichverteilung noch gegenüber der Primärverteilung, was dem Begriff des Steuerns eigentlich diametral zuwiderläuft. Auch alle diskutierten Gegenmaßnahmen tasten die Ungleichverteilung nicht an, sondern bremsen nur minimal ihren weiteren Anstieg.

Wenn in Deutschland die reichsten zehn Prozent der Bevölkerung über 70 Prozent der privaten Vermögen verfügen, würde es die Ungleichverteilung am ehesten verringern, wenn man nur die Vermögen dieser zehn Prozent besteuern würde. Jede Besteuerung der »unteren« 90 Prozent würde die Ungleichverteilung demgegenüber weiter vergrößern statt verringern. Obama hat das zumindest richtig erkannt: Er will nur das reichste ein Prozent drastisch höher besteuern und damit die »untere Mittelschicht« – eine schonende Umschreibung von »Unterschicht« – entlasten.

Die Ungleichverteilung hat ein Stadium erreicht,

in dem sie sich nur noch durch massive, progressive Steuern auf Großvermögen, -erbschaften und -grundbesitz ab zehn Millionen überwinden lässt. Reichensteuern auf Einkommen verringern die Ungleichverteilung kaum, weil Großeinkommen gegenüber Großvermögen kaum ins Gewicht fallen. Und da die Großvermögen über 30 Millionen Dollar in den letzten Jahren laut der Schweizer Bank UBS jährlich um zehn Prozent gestiegen sind, würden sie weiter derart ansteigen, solange sie mit weniger als zehn Prozent besteuert werden.

Gastwirtschaft, 23.01.2015

Anmerkung:
Die Zahlen stammen von 2014. Anfang 2019 besaßen laut Oxfam bereits nur die 26 reichsten Milliardäre so viel wie die gesamte ärmere Hälfte der Menschheit. Die Vermögen der 2000 Milliardäre der Welt hatten laut Oxfam pro Jahr um 12 Prozent zugenommen, die gesamten Vermögen der ärmeren Hälfte der Menschheit dagegen um 11 Prozent abgenommen.

Globaler Krieg des Kapitals

Was alte Denkschablonen verschleiern

Viele heutige Krisen sind deshalb so schwer verständlich, weil sie immer noch mit alten Denkschablonen »horizontaler« nationaler Auseinandersetzungen gedeutet werden, obwohl es sich längst um den immer schärferen globalen »vertikalen« Krieg der Kapitaleliten gegen die Bevölkerungen handelt. Der wird nur nicht als solcher wahrgenommen, weil er nicht mit Kanonen und Panzern geführt wird, sondern lautlos mit Kapital. Nicht selten trägt er allerdings zu nationalen Kriegen bei.

Generalbeispiel für solch nationales Denken ist die Griechenlandkrise. Sie wurde ja nicht durch »die faulen Griechen« verursacht, sondern durch die korrupten christ- und sozialdemokratischen Politiker- und Familienclans der Vorgängerregierungen, die ihr Land per Staatsverschuldung ihrer eigenen globalen Anleger-Kaste zum Fraß vorwarfen. Aus purem Eigennutz haben sie kein vernünftiges Steuerkataster aufgebaut, was nun ausgerechnet der jetzigen Regierung zum Vorwurf gemacht wird, die erstmalig die Bevölkerung zu vertreten sucht. Und geheilt werden soll das alles ausgerechnet durch die sogenannte »Troika«, das heißt durch Vertreter der gleichen Gläubiger-Kaste, die ungewählt und unverblümt wieder deren sogenannte »Institutionen« vertreten.

Bisher war Spekulation nicht mit Arbeit und deshalb aus gutem Grund mit Risiko verbunden. Jetzt soll dieses Haftungsrisiko auf die griechischen Arbeitenden und Rentner abgewälzt werden und künftig wohl generell auf alle nicht-spekulierenden Bevölkerungen. Und die Vertreter der internationalen Kapitaleliten sollen uns auch noch zynisch als »Retter« angedreht werden und ihr Raubzug als »Reform«.

Selbst deutsche Christ- und Sozialdemokraten hacken nicht etwa auf ihren Parteifreunden der griechischen Vorgängerregierungen herum, sondern auf der neuen Regierung. Dabei wissen sie ganz genau, dass weniger Bevölkerungseinkommen und Konsum stets weniger Investitionen und damit eine wirtschaftliche Abwärtsspirale nach sich ziehen.

Das alte nationale Denken hilft dabei vor allem, den übergeordneten Krieg der Kapitaleliten zu verschleiern, spielt ihnen so in die Hände und wird von ihren Medien und Thinktanks genüsslich gefördert. Die neuen rechtspopulistischen »Bewegungen« in Europa müssen sich deshalb fragen lassen, wessen Geschäft sie eigentlich besorgen.

Gastwirtschaft, 3.07.2015

Auf Kosten der Steuerzahler

Private Schiedsgerichte sind längst Realität

Kürzlich ließ Schäuble verlauten: Die Ungleichverteilung sei unproblematisch. Für eine Umverteilung bestehe kein Anlass. Sprachlich richtig müsste es heißen: die ständige gigantische Umverteilung von unten nach oben werde für normal gehalten. Eine Verlangsamung oder gar Rückverteilung sei nicht nötig.

Derweil eignet sich die Superklasse an Gesetzen und Parlamenten vorbei immer dreister und leistungsloser die von anderen erarbeitete Wertschöpfung an. Beispiele: die Bankenrettung auf Kosten griechischer Rentner, das Freihandelsabkommen CETA, die Cum-Ex-Geschäfte.

Die ergiebigsten Raubzüge finden aber mit Hilfe privater Schiedsgerichte bereits beim zynisch so genannten »Freihandel« statt. Während die Wogen um TTIP hoch schlagen, wissen die wenigsten: Deutschland hat bereits 130 rechtlich fragwürdige, bilaterale Freihandelsabkommen abgeschlossen, die Welt bereits 3000. Ursprünglich, um deutsche Unternehmen in Schwellen- und Entwicklungsländern durch private Schiedsgerichte zu schützen.

Im Gegensatz zu deutschen Ministerien hatten jedoch die privaten Konzernanwälte sofort den Dreh entdeckt, wie man damit Staaten abzocken kann: Eine ausländische Firma plant gezielt ein absichtsvoll umweltschädliches Projekt. Das stößt erwartungsgemäß auf Protest. Ein Parlament stoppt das Projekt und beschließt Auflagen. Darauf hat die ausländische Firma nur gewartet. Ohne je eine reale Investition getätigt zu haben, klagt sie jetzt vor einem internationalen Schiedsgericht auf Ersatz künftig entgangenen Profits.

Die Schiedsgerichte tagen meist geheim in den USA und sind weder von Staaten noch den Vereinten Nationen berufen. Ein paar private Anwälte ernennen sich einfach gegenseitig. Bei Nichtzahlung droht Zugriff auf Auslandseigentum.

Wegen der Milliardenstreitwerte hat sich inzwischen eine internationale Industrie von »Prozessfinanzierern«, Maklern und sogar Prozesswettfonds etabliert. Alles auf Kosten der Steuerzahler. Währenddessen bemängelt der Finanzminister die Kritik der evangelischen Kirche an der Ungleichheit, droht der gewählten portugiesischen Regierung wegen ihrer Abweichung vom verordneten Verarmungskurs und hält es für »erbarmungswürdig«, wenn man das Geld für Flüchtlinge bei den Reichen holt statt bei den Armen.

Gastwirtschaft, 2.06.2016

Anmerkung:
Zum »Zugriff auf das Auslandseigentum« siehe die Pfändung des argentinischen Segelschulschiffs in einem ghanaischen Hafen durch ein New Yorker Anwaltsbüro (siehe auch Anmerkung zur Kolumne »Die neue Superklasse«).

Zweierlei Nationalismus

Wie Wirtschaftskriege anfangen

Europa hat die afrikanischen Länder immer als Konkurrenzwirtschaften gesehen und sie durch überhöhte Kreditzinsen und infame Freihandelsabkommen zu schwächen versucht, um sie für unsere Billigprodukte und Fischereifangschiffe zu öffnen. Am Ende mussten die afrikanischen Bauern auf europäischen Plantagen die Tomaten für genau die Billigkonserven ernten, die ihre heimatliche Existenz vernichtet hatten.

Mit der Zeit hat man in Europa gemerkt, dass man so gleich fünf Fliegen mit einer Klappe schlagen kann: Konkurrenzwirtschaften schwächen; billige Arbeitskräfte bekommen; deren Ausbildung sparen; die europäischen Arbeitskräfte unter Konkurrenzdruck setzen und sich als Wohltäter für die Migranten aufspielen. Flugs hat die große Koalition ein »Fachkräfteeinwanderungsgesetz« verabschiedet.

Kann man es dem mittelständischen deutschen Unternehmer verdenken, dass er seine mühsam aufgebaute Position auf dem Weltmarkt nicht durch Fachkräftemangel gefährdet sehen möchte? Selbst wenn man dem vielleicht langfristig durch bessere Entlohnung abhelfen könnte? Oder hat diese Frage vielleicht eine ganz andere Dimension? Muss sie nicht lauten: Weshalb ist Nationalismus bei den Eliten angeblich so verpönt, während ein rücksichtsloser Wirtschaftsnationalismus als Beweis für besondere Tüchtigkeit gilt? Ist der Begriff »Globalisierung« nicht bloß eine Tarnvokabel für einen globalen Wirtschaftskrieg, in dem es darum geht, dem jeweils anderen negative Handelsbilanzen und höhere Arbeitslosenzahlen zuzufügen?

Und ist dieser pausenlose Wirtschaftskrieg nicht bloß die Vorstufe zu schlimmeren Kriegen? War nicht auch Versailles ein Stück Wirtschaftskrieg, das zu einem solchen zumindest beigetragen hat? Und weiter: Dient es wirklich Klima und Globus, wenn Japaner unbedingt deutsche Autos fahren und Deutsche japanische? »Multilateralismus heißt, die Interessen der anderen mitzudenken«, sagte die Kanzlerin in Davos und München. Das sei »wahrer Patriotismus« und führe in eine »Win-win-Situation«. Klingt merkwürdig von der Kanzlerin des ewigen Exportweltmeisters. Aber vielleicht wird man das ja einmal als ersten zaghaften Versuch zu einer solidarischen Weltwirtschaft werten.

Gastwirtschaft, 17.05.2019

Anreize statt Verbote?

Wie Konzerne verschont werden

»Das Klima durch Anreize retten und nicht durch Verbote!« Eins der albernsten Argumente beim Klimaschutz. Wäre man ihm bisher überall gefolgt, würden auf unseren Landstraßen Betrunkene und Bekiffte mit geklautem Alkohol und Benzin herumrasen. Ist aber Gottseidank verboten. So schnell allerdings die Politik der Bevölkerung gegenüber mit Verboten ist, so zaghaft ist sie es gegenüber Konzernen. Jahrzehntelang hat sie Asbest, Holzschutzmittel, Agrargifte und radioaktive Leuchtfarben nicht verboten, obwohl z.B. das Krebsrisiko von Asbest bereits 1939 (!) in Medizinbüchern mit Abbildungen von Tumoren mit auslösender Asbestfaser belegt war. Der große Asbestboom kam erst 1960. Allein in den USA starben jährlich 6000 Menschen durch Trinkwasserrohre aus Asbest. Ihr Tod hätte durch ein einfaches Wasserkochverbot verhindert werden können, denn aus Trinkwasser gelangen Asbestfasern nur über Dampf in die Lunge.

Hunderte Arbeiterinnen starben durch radioaktive Leuchtfarben, bevor die verboten wurden. Sie mussten Uhren-Zifferblätter von Hand bemalen und hatten u.a. die Pinsel mit der Zunge befeuchtet. 1962 hatte Rachel Carson in ihrem berühmten Buch »Der stumme Frühling« die tödliche Wirkung von DDT auf Insekten und Vögel beschrieben. Erst 1977 wurde die Produktion verboten. Dafür kam dann Glyphosat. Im Frankfurter Holzschutzmittelprozess mussten die Opferanwälte auf Fahrlässigkeit plädieren, weil bei nachgewiesenem Vorsatz die Versicherungen nicht gezahlt hätten. Verboten wurde alles immer erst nach Tausenden von Toten.

Woher kommt die unterschiedliche Behandlung von Bevölkerungen und Konzernen? Zum einen ist da das ewige Arbeitsplatzargument. Wer Konzernen etwas verbietet, »vernichtet Arbeitsplätze«. Einen Unterschied zwischen notwendiger und tödlicher Arbeit macht die Politik nicht. Weder bei Giften und Waffen noch beim Klima. Zum anderen hat sie nicht begriffen, dass Wirtschaftsliberalismus das Gegenteil von Bevölkerungsliberalismus ist. In den Zeiten der sozialen Marktwirtschaft fiel das nicht auf. Da konnten Bevölkerungsliberale wie Heuß oder Hamm-Brücher ohne Not mit strammen Wirtschaftsliberalen in der gleichen Partei sein. Seit dem Neoliberalismus gibt es da aber nur noch Manchester-Liberale. Die versuchen der Bevölkerung Verbote madig zu machen, um in Wirklichkeit ihre Konzerne davor zu bewahren. Der gleiche »Enkeltrick«, mit dem man vor Vermögens- und Erbschaftssteuern auf Omas kleines Häuschen warnt, um sie den Milliardären zu ersparen. Denn bei Omas kleinem Häuschen standen die ja dank Freibetrag noch nie zur Debatte.

Gastwirtschaft, 25.09.2019

Politik der Ausreden

Wie der Staat die Ungleichverteilung fördert

Das derzeit größte deutsche Vermögen beträgt etwa 37 Milliarden, das Durchschnittsvermögen 232 000 Euro. Im gleichen Maßstab dargestellt, wäre das erste 3,7 km hoch, das zweite 2,3 cm. Auch das wäre noch untertrieben, denn das Bevölkerungsvermögen fällt dabei durch die darin enthaltenen Milliardärsvermögen viel zu hoch aus.

Realistischer ist das Vermögen, das auf der aufsteigenden Reihe aller Vermögen genau in der Mitte liegt: das Medianvermögen. Es beträgt derzeit 38 800 Euro oder 3,9 mm. 3,7 km gegen 3,9 mm! Woher kommt diese monströse Ungleichverteilung?

Einer der vielen Gründe: 1949 hat die CDU-Regierung bei der Währungsreform die Milliarden-Sachvermögen von Krupp, Thyssen, Oetker und anderen gegen den Willen der Alliierten eins zu eins aus der Nazizeit übernommen, die Bevölkerung aber mit 40 DM pro Kopf abgespeist. So hat man die gewaltige Umverteilungsautomatik des Kapitals von unten nach oben wieder in Gang gesetzt.

Jeder funktionierende Staat müsste dieser Umverteilung durch angemessene Rückverteilung von oben nach unten entgegenwirken. Unsere Regierung tut jedoch gezielt das Gegenteil: Sie stellt ausgerechnet das notwendige Umkehren dieser gigantischen Umverteilung als eigentliche staatsgefährdende »Umverteilung« dar.

Wie bei der Perversion des Reformbegriffs bedient sie sich des ewig-alten Mittels der Sprachtäuschung. Darüber hinaus lehnt sie eine Vermögenssteuer ab, weil ihre Erhebung bei den Reichen angeblich viel zu aufwendig sei.

Gerechtigkeit zu aufwendig? Frankreichs tapsiger Präsident Hollande wollte dieses Problem umgehen. Statt die Vermögen zu besteuern, schlug er kurzerhand vor, eine Steuer auf hohe Einkommen zu erheben. Warum das unsinnig ist? Weil der Einfluss der Einkommen auf die Ungleichverteilung weit kleiner ist als der Einfluss der Vermögen. Dieter Zetsche, Ex-Daimler-Chef und der Mann mit dem bis vor kurzem höchsten deutschen Gehalt von etwa fünf Millionen Euro netto pro Jahr, hätte ohne Abzug für seine Lebenshaltungskosten mindestens 7400 Jahre, um das größte Vermögen von 37 Milliarden zu erreichen.

Und die Rolle der Normalökonomie bei dieser Ungleichverteilung? Sie geht ihrer Lieblingsbeschäftigung nach und liefert den Reichen die Ausreden.

Gastwirtschaft, 15.01.2020

Anmerkung:
Die Angaben zu den Einkommen sind in den verschiedenen Medien oft sehr unterschiedlich, je nachdem, ob nur das Gehalt gemeint ist, oder aber die gesamten Einkommen, also Gehalt plus Boni, plus Aufwandsentschädigungen, plus Renditen aus Firmenanteilen usw.

Deutschland den Reichen

Die Ungleichverteilung ist gewollt

»Die westdeutsche Sozial-Pyramide gleicht einer Platte, aus deren Zentrum eine Nadel aufragt.« Von wem mag dieser Satz wohl stammen? Attac? Occupy? Oxfam? Nein, er stammt von Seite 39 des legendären Aufsatzes »Paradies der Reichen« aus dem SPIEGEL 31/69. Der 11-Seiten-Beitrag zeigt vor allem:

1. Die Ungleichverteilung war schon damals praktisch nicht mehr grafisch darstellbar. 2007, 38 Jahre später, stellte sie das DIW in der ersten großen Untersuchung über die gesamtdeutschen »Nettorealvermögen« als »10-Säulen-Diagramm« dar. Die rechte, reichste Säule mit einem Vermögensdurchschnitt von 600 000 Euro war 12 cm hoch. Hätte man an ihrem rechten Rand die damals größten deutschen Vermögen der Quandts oder der Aldi-Brüder dargestellt, wären die vier Kilometer (!) hoch geworden. Will man die in dem Diagramm mit abbilden, werden die Vermögen von uns 99,9 Prozent zu einem horizontalen Strich, an dessen rechtem Ende dann die vertikale »Nadel« der superreichsten Vermögen aufragt. Die spezifische, extreme Unwucht der Verteilungsunterschiede lässt sich also weder durch 10-Säulen-Diagramme noch durch Kurven und schon gar nicht durch den Gini-Koeffizienten abbilden.
2. Die Ungleichverteilung war von Anfang an CDU-gewollt. In der Währungsreform von 1948 wurden die aus der »Liquidation des Dritten Reiches« geretteten Vermögen der »großen Familien Flick, Thyssen, Siemens, Bosch, Quandt und Oetker« [...] »eins zu eins auf Deutsche Mark umgestellt«. Dagegen hatten »mit ihrer Kopfquote von

> 40 Mark […] vier Fünftel der Bundesbürger den Wettlauf in die Wohlstandsgesellschaft bereits am Start verloren«. Die US-Erfinder der Reform hatten vorgesehen, dass »auch die Besitzer der Sachwerte einen großen Teil der Kriegsfolgelasten übernehmen sollten«. Dieser Lastenausgleich wurde von der deutschen Regierung 1952 in eine Kriegsfolgenentschädigung für Reiche verkehrt. Auch die reichenfreundliche Steuer- und Rentengesetzgebung wurde bereits damals installiert. Bemerkenswerteste demagogische Leistung der CDU: Sie vermittelte den »überwiegend vermögenslos« Gebliebenen »das Gefühl, […] Besitzbürger zu sein«.

Damals war der SPIEGEL noch das »Sturmgeschütz der Demokratie«. Später hat er diese Rolle kampflos an die NGOs abgegeben.

Gastwirtschaft, 5.10.2017

2. Begleiterscheinungen und Folgen

Pro Kopf, nicht Prozent

Die Wachstumsmessung ist irreführend

Alle Nase lang geistern Horrormeldungen durch die Welt: Irgendwo bräche das Wachstum ein. Deutscher Export und Weltwirtschaft seien bedroht. Derzeit ist China dran. In Wirklichkeit bricht überhaupt nichts ein. Selbst in China oder bei sogenanntem »abnehmenden Wachstum« fallen nur die Prozentzahlen. Das BIP steigt stets munter weiter. Nur etwas weniger. Nicht einmal bei »Nullwachstum« sinkt es. Sprachtäuschung und Hysterie von Konservativen.

Die ganze Prozentmessung ist mathematischer Bluff der Industrieländer. Hier steigt das reale BIP meist stur linear. Misst man lineare Anstiege in Prozenten, entstehen fallende mathematische Reihen. Die sind gut gegen Lohnforderungen und Klimawarnungen, ansonsten irreführend. Denn das BIP selbst fällt ja meist nicht. Besonders abstrus sind

Ländervergleiche mit Prozenten. Chinas Pro-Kopf-BIP beträgt 25 Prozent des deutschen. Es steht dabei weltweit an 93. Stelle. Seine 8 Prozent Wachstum von 2013 sind real und pro Kopf so viel wie 1,99 Prozent in Deutschland. Mit diesen Zahlen könnte uns China nicht vor 2039 einholen. Mit seinen jetzt eingebrochenen 5 Prozent oder 0,2 Prozent dagegen erst in über 100 Jahren. China ist dabei noch gut dran, weil es kontinuierlich aufholt. Schätzungsweise 20 bis 30 Länder holen dagegen nie auf, sondern fallen ständig weiter zurück, obwohl auch hier BIP und Prozentzahlen ständig ansteigen. Ausschlaggebend ist hier die viel zu geringe BIP-Basis.

Eine andere Katastrophe tritt ein, wenn nicht die Anstiegsprozente sinken, sondern das BIP selber. Das war laut IWF-Liste 2013 weltweit bei 14 von 186 Staaten der Fall, meist vorübergehend. Die drei großen Staaten davon waren Iran, Italien und Griechenland. Die 11 kleineren machten zusammen noch nicht einmal 0,4 Prozent der Weltbevölkerung aus.

Fazit: Am aussagekräftigsten sind reale BIP-Zuwächse pro Kopf und Jahr in Dollar. Sie betrugen 2013 in Deutschland 661 Dollar, China 734, USA 1356, Singapur 2364, Zentralafrikanische Republik minus 719 Dollar. Generell gilt: Die meisten BIP-Zuwächse der Industrieländer wurden seit dem Kolonialismus ohnehin den Entwicklungsländern geklaut: durch Rohstoffraub, Fabrikfangschiffe,

Exportüberschüsse, Rüstungslieferungen, angezettelte Kriege und vieles mehr. Geklautes Wachstum erzeugt Flüchtlinge. Steigendes BIP erzeugt Erderwärmung.

Gastwirtschaft, 1.10.2015

Motor der Armut

Wir brauchen eine effektive Rückverteilung von Geld

Aller Reichtum entsteht aus der Armut Anderer und alle Armut aus dem Reichtum Anderer. »Wär ich nicht arm, wärst Du nicht reich«, sagt Brechts armer Mann zum reichen Mann. Diese Grundtatsache ist jedoch ökonomischen Laien äußerst schwer zu vermitteln. »Mir hat der Aldi noch nie was weggenommen«, hört man dann. Und selbst der Leiter eines der großen deutschen Wirtschaftsinstitute prägte kürzlich in einem Interview den schönen Satz: »Was mir Sorgen macht, ist nicht der Superreichtum, sondern die Armut.« Als ob nicht der vom Staat tatenlos hingenommene Superreichtum erst die Armut erzeugt. Und dieser Motor der Armutserzeugung rast immer schneller. Laut Forbes stieg das Gesamtvermögen der weltweit inzwischen

2208 Milliardäre 2017 so schnell wie noch nie in der Geschichte: um 1,43 Billionen auf 9,1 Billionen Dollar. 9,1 Millionen Millionen.

Mit dieser lautlosen privaten Selbstvermehrung des Kapitals kommt kein Staatshaushalt und kein Arbeitseinkommen mit. Es ist eine ständige, gigantische, automatische Umverteilung nach oben. Neben Klimaveränderung und Kriegen ist sie derzeit das größte Weltproblem.

Vornehmste Aufgabe der Staaten wäre es, dieser Umverteilung durch angemessene Rückverteilung entgegenzuwirken. Das geht nicht ohne Steuerzugriff auf die Vermögen ganz oben. Denn wenn die unteren 50 Prozent der Bevölkerung nach Schulden null Vermögen haben, bedeutet jede Besteuerung dieser Hälfte Umverteilung nach oben, statt Rückverteilung nach unten. Der Koalitionsvertrag ignoriert das alles einfach. Dabei gibt es genug Vorschläge in die richtige Richtung: Reichensteuer, Negativsteuer, Mindesterbe, Helikoptergeld, Grundeinkommen. Stattdessen erleben wir derzeit wieder die übliche Sprachtäuschung: um von einer Diskussion über das Grundeinkommen abzulenken, wird mit dem Begriff eine (sicher nicht falsche) Beschäftigungsmaßnahme für Langzeitarbeitslose belegt.

Aber hat die Groko nicht zahlreiche soziale Maßnahmen angekündigt, wie Baukindergeld, Wiedereinführung der paritätischen Krankenversicherung oder Wiederabschaffung der Rente mit 70? Schon, aber das ist nur Umverteilung von Peanuts von unten nach unten. Rückverteilung beginnt erst, wenn das Geld wirklich von ganz oben kommt.

Gastwirtschaft, 26.06.2018

Über zweierlei Akkumulation

Wie Wohlstand entsteht

»Ohne Wachstum kein Wohlstand!« »Ungleichverteilung entsteht vor allem, weil die ärmeren Einkommensschichten weniger Anteil am Wachstum haben als die oberen.« Sätze, die man wieder häufiger von Mainstream-Ökonomen hört.

Deshalb nochmal ganz langsam: Privater Wohlstand entsteht in erster Linie durch Akkumulation von Vermögen. In der Ökonomensprache ist mit »Akkumulation« meist Kapitalbildung durch Mehrwert gemeint. Bei der Bevölkerungsmehrheit entsteht Wohlstand aber vor allem durch Akkumulation von nicht verbrauchtem Arbeitseinkommen.

Wachstum ist dazu allenfalls in sehr armen Ländern erforderlich. In Industrieländern kann dagegen ein Durchschnittsverdiener bis zum Lebensende ein schuldenfreies Einfamilienhaus ansparen – nicht, weil es ein Prozent Wirtschaftswachstum gibt, sondern weil er jeden Monat Prozente seines Einkommens zurücklegen kann.

Wichtiger als Wachstum ist Verteilung. Vermögen ist dabei relevanter als Einkommen. Deutschlands höchstes Einkommen müsste man über 2000 Jahre lang beziehen, um (nach Lebenshaltungskosten) Deutschlands größtes privates Vermögen anzusammeln. Jesus hätte posthum Winterkorns 17 Millionen pro Jahr verdienen müssen, um dann bei Nullzins bis heute das Aldi-Vermögen anzusammeln

Ein Mainstream-Ökonom behauptete im SPIEGEL (13/17, S.72), die ärmsten 25 Prozent der deutschen Bevölkerung seien gar nicht von der Wohlstandsentwicklung abgekoppelt, denn ihr Anteil am verfügbaren Einkommen sei ja genau so hoch wie 1995. Richtig ist: »Abgekoppelt« ist man nicht erst, wenn der Einkommensanteil sinkt, sondern wenn man keinerlei Rücklagen mehr bilden kann.

Fazit: Weltweit erleben wir zwei Extreme. Die Abgehängten, die keine Rücklagen für Vermögen bilden können, auch nicht durch noch so harte Arbeit oder Arbeitsdauer. Und die ein Prozent Superreichen, deren Milliardenbesitz stets weitere Milliarden erzeugt, meist durch Abschöpfung von der Arbeit anderer. Diese Extreme verfestigen sich immer weiter, weil die Regierungen nicht gegensteuern, sondern dem Kapital zuliebe eine angemessene Antwort auf die zunehmende Maschinisierung von Arbeit verweigern. Am Ende schanzen wenige Reiche ihren Kindern die verbliebenen lukrativen Posten zu. Und die Kinder der Abgehängten bleiben ihr Leben lang arm, trotz aller Bildungschancen.

Gastwirtschaft, 25.04.2017

Fehlverteilung an die Reichen

Warum Jüngere mehr für die Rente bezahlen

»Die Jungen müssen mehr bezahlen, alles andere wäre eine Lüge«, sagte Norbert Blüm kürzlich zu den Rentenplänen von Andrea Nahles. Richtig müsste der Satz lauten: »Nur aufgrund des unsinnigen Umlagesystems müssen die Jungen immer mehr bezahlen.« Ziel von Bismarcks Umlagesystem war: Arbeitende sollen sich gefälligst gegen die Folgen der Industrialisierung untereinander selbst versichern, damit Feudale und Kapitalseite deren Früchte alleine ernten können. So gehörte die Rente von Anfang an zu den Motoren der Fehlverteilung.

Für die jeweils erste Alten-Generation war das sehr erfreulich. Meine Mutter bekam vom ersten Tag an die damals brandneue Pflegeversicherung, obwohl sie nie einen Pfennig eingezahlt hatte. Ähnlich muss es zu Bismarcks Zeiten mit der Rente gewesen sein. Die Fehlverteilung schlug erst später durch und wurde dann von den Konservativen Schritt für Schritt weiter verschärft. Statt an das ständig steigende BIP knüpfte man die Rente an die ständig abnehmende Arbeit. Beamte blieben ohnehin verschont, obwohl das altem Staatsverständnis entsprang und nicht der neuen Markteuphorie. Völlig ungeniert zog man eine Obergrenze ein, damit die Beiträge ausgerechnet für Reiche entfielen. Dadurch musste die Ungleichheit im Alter noch schneller steigen, als sie ohnehin schon stieg. Und als immer mehr Arbeit von immer mehr Maschinen übernommen wurde, zog man nicht etwa die zur Rentenfinanzierung heran, sondern ausgerechnet die immer weniger Jüngeren. Mit Hilfe des Umlagesystems. Scheinheilig begründete man das mit dem »demographischen Wandel«.

Dabei hatte der liebe Gott sich alles so schön logisch ausgedacht: Die Industrialisierung sollte immer mehr Menschenarbeit an Maschinen übertragen. Dadurch wurden die von Arbeit befreiten Menschen immer älter. Für immer mehr nicht arbeitende Ältere arbeiteten dann immer mehr Maschinen. Dank deren noch schneller steigender Produktivität stieg der Wohlstand trotz immer mehr Älterer. In Deutschland gab es dank gleichbleibender Bevölkerungszahl sogar für alle immer mehr zu verteilen, auch für die Älteren. Es wurde stattdessen an die Reichen verteilt. Bismarck, Blüm und Nahles hatten mit ihrem Umlagesystem dem lieben Gott einen Strich durch die Rechnung gemacht.

Gastwirtschaft, 3.02.2017

Gezielte Missachtung

Eine andere Variante der Ungleichverteilung

Wachsende Ungleichverteilung der Vermögen und Einkommen sowie der nationalen Sozialprodukte, zum Beispiel in Europa, erzeugt auch immer mehr nicht-materielle Ungleichheiten. Etwa der Studien- und Jobchancen. Oder die zunehmende, aber wenig erforschte Ungleichheit von Beachtung und Anerkennung. Auf der einen Seite eine geradezu obszöne Überbeachtung der globalen Superklasse: Michelle Obama vor Tausenden Michelle-Fahnen auf dem Demokraten-Parteitag. Cameron hinterlässt Vorschläge für hohe Orden. Nicht etwa für sinnlos gefallene Soldaten, sondern für Spenden an die eigene Partei, für Hofstylistinnen und Hoffriseure. Und der UN-Generalsekretär verleiht persönlich obskure Preise an Vorsitzende von Reichenstiftungen. Hat das noch etwas mit Gemeinwohl zu tun?

Auf der anderen Seite die gezielte Unterbeachtung der Arbeitenden und arbeitslos Gemachten.

Man zeigt ihnen: ihr seid überflüssig, ohne Anspruch auf Erfolg und Anerkennung. Die sind aber bekanntlich für jede Persönlichkeitsentwicklung unentbehrlich. »Verstärker« nennt sie die Pädagogik. Woher soll diese Anerkennung im künftigen Roboter-Zeitalter der »Industrialisierung 4.0« kommen? Haben unsere Politikdarsteller dafür ein Konzept? Erhöht die Überbeachtung der wenigen die Unterbeachtung der vielen? So wie Überreichtum vermeidbare Armut erzeugt? Wann schlagen geraubte Lebenschancen, Mobbing, Erfolgssurrogate, Fankultur in Gewalt um, wird Beachtung per Herostratentum erzwungen?

Sind 300 Amokläufe in den USA seit 2001 wirklich Ergebnis individueller Gehirnstörungen? Oder sind sie längst Produkt einer gesellschaftlichen Störung? Etwa durch Promikult und Selbstbeweihräucherung der Superklasse? Allerdings auch durch Waffengesetze, Präventivkriege und die verharmlosende Darstellung ihrer Opferzahlen?

Menschenverachtung gab es schon immer: Sklaven, Leibeigene, ans Militär Verkaufte. Früher entsprach das dem von oben verordneten Weltbild, war »gottgewollt«. Heute heißt das offizielle Weltbild aber »Demokratie«. Von der wende sich das Volk leider immer mehr ab, beklagen die Herrschenden. Tatsächlich sind sie es jedoch, die sie durch ihre Konzernkumpanei weltweit hingeorgelt haben. Die Nordstaaten in Europa haben die Südstaaten durch

Zufügen negativer Handelsbilanzen gezielt deindustrialisiert und so dort Jugendarbeitslosigkeit und Unterbeachtung mutwillig herbeigeführt.

Gastwirtschaft, 20.09.2016

Flucht aus der Pflicht

Was Privatisierung mit Menschen macht

Mitte Januar fuhr Martin Schulz nach Dortmund in die »Herzkammer der SPD«, um seinen Groko-Umfaller zu rechtfertigen. Er hätte dort ein besonders krasses Beispiel dafür besichtigen können, was seine Partei durch Privatisierungswahn und Unterwürfigkeit gegenüber »Investoren« mit der Bevölkerung anstellt. Und warum sie trotz seiner Schnellsprech-Beteuerungen immer mehr Stimmen verliert. Dortmund hat nämlich sein zweites »Horror-Hochhaus«. 1975 baute eine gute alte »Gemeinnützige« ein Wohnhochhaus namens Hannibal II. Kaum aus der Sozialbindung raus, verhökerte es 2004 ein neoliberaler SPD-Oberbürgermeister an einen privaten Investor. Er hatte gehört, Volkseigentum zu respektieren, sei kommunistisch, und Privatisierung sei der Motor der Wirtschaft.

Es folgte das Übliche: Insolvenzen, Versteigerung,

Weiterverkäufe an immer undurchsichtigere ausländische Firmengeflechte. Das Sozialamt der Stadt überwies brav die Mieten für die etwa 500 Hartz-IV-Bewohner an den jeweils neuesten privaten Investor. Dann kam im Juni 2017 der Londoner Hochhausbrand mit 71 Toten. Erschrocken machte die Stadt Dortmund eine Brandschutzprüfung. Obwohl alles war wie seit Jahrzehnten, sah sie plötzlich »Gefahr für Leib und Leben« und setzte die 753 Bewohner im September 2017 nach einer Vorwarnzeit von nur zwei Stunden auf die Straße bzw. in Notunterkünfte. Das war noch eine Nummer härter als in Wuppertal, wo man bereits im Juli ein Wohnhaus des gleichen Investors wegen Brandschutzmängeln zwangsevakuiert hatte – allerdings mehrere Wochen lang.

Krasse Panne durch Einzelversagen? Nein, immer häufigeres neoliberales Geschäftsmodell: Wie entziehe ich mich Verträgen, Haftung und sozialer Verantwortung durch heimlichen Verkauf an undurchsichtige ausländische Firmen. Beispiele: Private Equity, Heuschrecken-Firmen, Verkauf unrentabler Versicherungen an »Run-off-Unternehmen«. Oder in der Politik: Verkauf von Bomben und Waffenfabriken an Saudi-Arabien für den Jemen-Krieg über Rheinmetall-Töchter in Südafrika und Sardinien. Übliche Groko-Chuzpe: »Wir müssen die Fluchtursachen beseitigen.« Und wer sitzt dem Bundessicherheitsrat vor, der die Waffenexporte genehmigt? Die Kanzlerin.

Gastwirtschaft, 23.02.2018

Jede Menge Unwahrheiten

Was uns in der Ökonomie vorgemacht wird

Heutige Mainstream-Ökonomie enthält ganze Ketten von Falschbehauptungen. Zuerst der Hauptirrtum: Ohne Wachstum kein Wohlstand. Das mag ja für das Anfangsstadium von Volkswirtschaften gelten. Noch nie hat aber ein Ökonom überzeugend darlegen können, warum auch in hochindustrialisierten Ländern Wohlstand nur entstehe, wenn jedes Jahr mehr produziert werde als im Vorjahr. Tatsächlich entsteht Wohlstand in erster Linie aus Anhäufung von Nicht-Verbrauchtem, aus Akkumulation. Er ist also nicht primär unökologisch. Hinzu kommt: Die BIP-Zuwächse waren in Deutschland und vielen anderen Industrieländern seit 1950 jedes Jahr fast genau gleich. Das Wachstum ist »linear«. Misst man es in Prozentzahlen, müssen diese ständig abnehmen. Das ist kein ökonomisches Phänomen, sondern Mathematik Untersekunda.

Warum misst man es in Prozenten? Obwohl das BIP ständig zunimmt, will man uns vormachen, es nehme etwas ab. Und uns so Irrtum Nr. 2 suggerieren: Ohne Wachstum höhere Arbeitslosigkeit. Die steigt jedoch nur, weil man die menschliche Arbeitszeit nicht synchron um die von Maschinen übernommene Arbeit verkürzt. Und das von den

Maschinen verdiente Geld nicht an die von Arbeit Befreiten verteilt. Sondern aus allzu durchschaubaren Gründen in erster Linie an Milliardäre, Konzerne und Finanzindustrie. Um uns dann weiszumachen, wir müssten verarmen oder verhungern, wenn die Politik nicht immerzu heldenhaft für sinnlose Ersatzbeschäftigung sorge. Allerdings leider nicht für mehr Lehrer, Altenpfleger und Polizisten.

Daraus entsteht Irrtum Nr. 3: Je älter die Bevölkerung werde, desto länger müssten wir arbeiten. Tatsache ist: die Delegation von Menschenarbeit an Maschinen und Automaten ist stets schneller fortgeschritten als die Lebenserwartung. Von 1960 bis 2012 betrug der Rückgang an jährlich geleisteten Arbeitsstunden 41 Prozent, die Zunahme der Lebenserwartung nur 17 Prozent. Auch hier gab man das von den immer mehr Maschinen verdiente Geld vor allem den Kapitalbesitzern, statt damit die Älteren zu alimentieren. Stattdessen ließ man die immer weniger Jungen für die immer mehr Älteren arbeiten und nannte das Ganze dann »Umlagesystem«.

Für die Folgeirrtümer ab Nr. 4 ist hier leider kein Platz.

Gastwirtschaft, 21.11.2017

Woher der Nullzins kam

Die ökonomische Theorie braucht einen Neuanfang

Von den Jüngeren weiß heute kaum noch jemand, dass in den 70er Jahren Bauzinsen über 7 Prozent lagen. Da alle Stufen der Wertschöpfungskette durch Kredite finanziert werden, addierten sich z. B. in den Energiepreisen die Zinsen für den Bau von Stadtwerken, Strommasten, Pipelines, Förderanlagen, Tiefbaufirmen, Röhrenwerken, Erzbergwerken und Transportschiffen. Am Ende betrug der »Zins im Preis« bis zu 70 Prozent. Daraus entstanden auf der anderen Seite Milliarden Habenzinsen für reiche Kreditgeber. Das waren zur einen Hälfte Sammelanleger wie Aktien- und Pensionsfonds, zur anderen Hälfte Milliardäre. Beim heutigen Nullzins müssten die Preise eigentlich um diese 70 Prozent sinken, wenn auch aufgrund alter Verträge nur langsam. Tun sie aber nicht.

Damals hatte sich eine internationale Bewegung von Zinsgegnern gebildet, eine frühe NGO. Sie berief sich unter anderem auf Silvio Gesell und seine »natürliche Wirtschaftsordnung« sowie auf das »Wunder von Wörgl« in Tirol. Dort hatte der Bürgermeister 1932 die Gemeinde mit Nullzinsen und eigener Nebenwährung ohne Arbeitslosigkeit durch die Weltwirtschaftskrise gebracht. Unbestrittener Doyen der Zinsgegner war Helmut Creutz mit seinem Buch »Das Geldsyndrom«. Er schrieb 2015 mit 92 Jahren an dieser Stelle noch erste Gastwirtschafts-Kolumnen. Die Mainstream-Ökonomie tat die Zinsgegner als skurrile Sekte ab. Hätte damals jemand prophezeit, dass sich die Forderung der Zinsgegner eines Tages weltweit gegen den Mainstream durchsetzen würde – die Ökonomen hätten ihn für verrückt erklärt.

Heute spekulieren Ökonomen, ob der Nullzins von Draghi kam oder durch »globalen Potentialrückgang«. Tatsächlich stecken im Zins gegenläufige Kräfte und »Paradoxien«: In Entwicklungsländern begünstigen niedrige Zinsen zwar die Kreditaufnahme armer einheimischer Unternehmen, schrecken aber gleichzeitig kapitalkräftige ausländische Investoren ab. Der Zins müsste deshalb wieder entglobalisiert und nach Reichtum der Kreditnehmer differenziert werden.

Auch hinter dem Nullzinsgedanken standen meist Wachstumsbestrebungen.

Mit neueren Erkenntnissen über Natur und Klima sind sie deshalb vermutlich nicht kompatibel.

Fazit: alle ökonomische Theorie bedarf eines grundsätzlichen Neuanfangs.

Gastwirtschaft, 15.01.2020

Anmerkung:
Am 20.02.2020 erreichte der Streit um die Ursache des Nullzinses einen neuen Höhepunkt. Auf einer Tagung beim »Center for Financial Studies« argumentierte der Ökonom Carl Christian von Weizsäcker: Die immer höhere Lebenserwartung habe die private Sparneigung derart erhöht, dass die Kapitalnachfrage aus privaten Investitionen nicht mehr nachkomme. Hans-Werner Sinn, Ex-Chef des ifo-Instituts, sah die Ursache dagegen in der Dominanz der Schuldner bei der Zinsfestsetzung. Das billige Geld wirke wie eine Droge (FAZ, 28.02.2020).

Mathematisch obskur

Wachstum ist nicht nur ökologisch unsinnig

Wirtschaftswachstum zerstört nicht nur unseren Globus. Es ist auch mathematisch obskur. Wenn eine Stadt mit 100 000 Wohnungen jedes Jahr 4000 Wohnungen hinzubaut, ist das für Ökonomen »Nullwachstum«. Sie interessiert nicht der Zuwachs des Bestandes, sondern nur der der Produktion. Nur wenn jedes Jahr exponentiell mehr produziert wird als im Vorjahr, kann in ihren Augen Wohlstand entstehen. Wieso bloß?

Tatsächlich wächst das Bruttoinlandsprodukt

preisbereinigt in Deutschland und vielen anderen Ländern gar nicht exponentiell, sondern seit 1965 stur linear. Mit vier Ausnahmen ist es stets gestiegen. Sogenanntes »abnehmendes Wachstum« entstand nur, weil bei linearem Wachstum die exponentielle Zuwachsrate stets abnimmt. Wieso misst man ein lineares Wachstum überhaupt in exponentiellen Prozenten? Antwort: Um mit fiktiv fallenden Zahlen Lohnansprüchen entgegenzutreten. In Wirklichkeit besteht die nominal exponentielle Prozentrate größtenteils aus Inflation.

Wieso kann in hochindustrialisierten Ländern mit gleichbleibender oder abnehmender Bevölkerung Wohlstand nur entstehen, wenn jedes Jahr mehr produziert wird als im Vorjahr? Auch das hat noch nie ein Ökonom vernünftig beantworten können. Aber sind Wachstumsprozente nicht Gradmesser für Beschäftigung? Auch Unsinn. Von 1965 bis heute sind Sozialprodukt und Arbeitslosigkeit hierzulande langfristig stets parallel gestiegen. Kurzfristig braucht man zwar für mehr Produktion auch mehr Arbeit. Langfristig wurde diese Mehrarbeit aber stets durch steigende Mehrarbeit und Produktivität kompensiert.

Ohne Arbeitszeitverkürzung entsteht stets die wirre Logik der Ökonomen: »Leider vernichtet die steigende Produktivität immerzu Arbeit. Deshalb müssen wir jedes Jahr mehr produzieren, sonst haben wir nicht genug zu tun.«

Fazit: Wachstum ist gut für Entwicklungsländer. In Industrieländern ist es als Messmethode und Wohlstandsindikator unsinnig. Hier steigt der Wohlstand ökologischer auch bei gleichbleibender Produktion. Wodurch? Durch bloße »Akkumulation«, durch Anhäufung von nicht Verbrauchtem. Weshalb also Wachstum? Antwort: kein Wachstum ohne Schulden und neue Kapitalrenditen. Draghis Billionen kaufen nur Zeit auf Kosten des Globus und landen am Ende meist auf den Privatkonten der Milliardärsklasse. Wo sonst?

Gastwirtschaft, 17.04.2015

Simulierter Pessimismus

Warum Ökonomen fallende Prozente wollen

»Populismus dämpft Wachstum.« So titelte die Süddeutsche Zeitung Anfang Oktober aufgrund eines IWF-Berichts. Stimmt das wirklich? Alle reden von abnehmendem Wachstum, obwohl in Deutschland und den meisten Industrieländern Bruttoinlandsprodukt (BIP) und Bestand unentwegt steigen, wenn auch nur linear. Das heißt, die jährlichen Zuwächse blieben etwa gleich. Nichts sank – außer den Prozentraten. Die müssen sinken, wenn man gleichbleibende Zuwächse auf gestiegene Vorjahresergebnisse bezieht. Man misst nicht das Wachstum des BIP, sondern das der Zuwächse. Wachstumswachstum sozusagen. Abnehmende Prozentraten sind also kein Indiz für abnehmende Wirtschaftsleistung, sondern Folge einer abstrusen Rechenweise. Realistisch sind nicht Prozent-, sondern absolute BIP-Zuwächse pro Kopf und Jahr.

Warum wollen Ökonomen unbedingt fallende Prozente, wenn alles steigt? Um mit dem Gejammer darüber Lohn- und Rentenansprüche abzuwehren, Arbeitslosigkeit und steigende Ungleichverteilung zu rechtfertigen. Typischer Ökonomen-Bluff – genau wie ihre Begriffe »Nullwachstum«, »Stagnation« und sogar »abnehmendes Wachstum«, bei denen das BIP auch meist munter weiter steigt.

Nur eins ist kein Bluff. Der 2014 verstorbene Münchner Ökonom Karl Heinrich Oppenländer brachte es schon 1988 freimütig auf den Punkt: »Bei Nullwachstum würde die Einkommensverteilung zum Nullsummenspiel. Die Unselbständigeneinkommen könnten sich nur noch aufgrund der Gewinneinkommen ausdehnen« und umgekehrt. »Verteilungskämpfe wären die Folge.« Heißt zu Deutsch: Das Ökonomenziel Wachstumswachstum macht den Globus kaputt, um den Anstieg der leistungslosen Reicheneinkommen ohne Verteilungskämpfe zu sichern.

Dieser Jahrhundertbluff geht jetzt nach hinten

los: Die Bevölkerungen haben den simulierten Pessimismus inzwischen aufgrund der allabendlichen TV-Berieselung verinnerlicht. Sie führen Arbeitslosigkeit, Lohn- und Rentenverluste nicht auf Fehlverteilung an die ein Prozent Superreichen zurück, sondern fälschlich auf fehlendes Wachstum. In Europa glauben mittlerweile 70 Prozent, mit der Wirtschaft ginge es stetig bergab.

Fazit: Nicht »Populismus dämpft Wachstum«, sondern umgekehrt: die falsche Wachstumsrechnerei verschärft den Pessimismus und Populismus der Abgezockten.

Gastwirtschaft, 8.11.2017

Wo bleibt die Solidarität?

Die Globalisierung als Umverteilungsprojekt

Als Ursache des globalen Rechtsrucks werden gern rechte Lügen und irrationale Ängste angegeben, vor allem vor der vermeintlich unaufhaltsamen Globalisierung. Solche Ernstnehm-Aufrufe haben mit konkreter Analyse meist wenig zu tun, sondern vor allem mit moralischer Selbstüberhöhung und vermeintlicher »Political Correctness«.

Gern tut man so, als müssten Arbeitende westlicher Industrieländer denen in den Entwicklungsländern gerechterweise etwas von ihrem Wohlstand abgeben. Dagegen hätte ja auch niemand etwas und das hat ja zu Anfang im Zuge des kalten Krieges in Südkorea, Taiwan und Malaysia ganz gut funktioniert. Und tatsächlich sind die Arbeitsarmen in den USA und Europa auch immer mehr geworden, ganz besonders in Südeuropa. Den Textil- und Wanderarbeitern in Bangladesch und China hat das jedoch kaum geholfen, von Afrika und Mittelamerika ganz zu schweigen. Allenfalls Chinas Mittelstand hat zugelegt, wohl weil das dortige Regime noch nicht ganz neoliberal ist. In fast allen anderen Ländern ist dagegen die Ungleichverteilung nicht zurückgegangen, sondern gestiegen. Tatsächlich entpuppt sich die heutige Globalisierung als neoliberales Umverteilungsprojekt mit dem Ziel, die ungleich verdienenden Arbeitenden weltweit gegeneinander auszuspielen, um sich ohne nennenswerte Gegenleistung die rasant steigenden Maschinisierungs- und Produktivitätsgewinne anzueignen.

Irgendwann musste der große Reflex darauf ja kommen. Linke, Gewerkschaften und die hauptbetroffene Jugend sind inzwischen verbürgerlicht und haben den Kontakt zu Arbeitsarmen und Arbeitslosen weitgehend verloren. Sieht man von den NGOs ab, so haben sie kaum je eine auf harten, materiellen Fakten basierende Globalisierungskritik zustande gebracht, sondern diese ohne Not den Rechten überlassen. Insbesondere deutsche Gewerkschaften haben alle globale Solidarität aufgegeben. Sie sonnen sich gerne in Exportüberschüssen, in Arbeitsdiebstahl und negativen Handelsbilanzen, die wir Südeuropa zufügen. Nur dadurch hätten wir so geringe Arbeitslosigkeit, nicht etwa durch deutsches Lohndumping. Da kann man dann auch schon mal den Gehaltssteigerungen und Boni der vermeintlich so erfolgreichen Vorstände zustimmen. Das ist Nationalismus. Kein bloß gefühlter, sondern sehr materieller.

Gastwirtschaft, 3.01.2017

Weltweiter Einheitsbrei

Globalisierung bedeutet Verlust von Vielfalt

Mainstream-Ökonomen sind zu einseitig auf wirtschaftliche Zusammenhänge fixiert. Ihre Zerstörungen halten sie für »schöpferisch« oder das Wirken einer »unsichtbaren Hand«, weil sie die physikalischen Ursachen ihres Tuns nicht verstehen. Widerstände der Bevölkerung gegen ihre Form der Globalisierung sind ihnen deshalb unbegreiflich.

Die Physik kennt den zweiten Hauptsatz der Wärmelehre. Danach führen alle Wirtschaftsvorgänge in dem Ausmaß in die unumkehrbare Vermischung und Nivellierung, indem sie Materie oder fossile Energie bewegen. Alle Wirtschaft verwandelt den Globus unumkehrbar in Müll, es sei denn, sie arbeitet wie die Natur einzig mit Sonnenenergie.

Diese Vermischung ist unumkehrbar. So wie man ein Omelett nicht in Eier zurückverwandeln kann. Höchstens über die Natur, indem man es wieder an die Hühner verfüttert. Alle Globalisierung führt deshalb in das überall gleiche Einheitsgemisch. Beispiel Städtebau: weltweit die gleichen solarwidrigen ganzumglasten Hochhäuser – in Chicago aufwendig beheizt, in Lagos noch aufwendiger gekühlt. Überall die gleiche Pseudomoderne. Überall der gleiche Architekturmüll der Gewerbezentren. Beispiel Landschaft: überall die gleichen Chemie-Agrarwüsten. Insekten und Vogelbestand halbiert. »Stummer Frühling«. Überall Verlust von Vielfalt und Unverwechselbarkeit. Die materielle Verarmung führt in die Reizverarmung und die wiederum in die geistige und kulturelle. Die Vermüllung von Internet und sozialen Netzwerken gleicht der der Ozeane. Die Bevölkerung nimmt die Verödung als gegeben und versucht sie mit einer Vielzahl neuer Äußerlichkeiten zu kompensieren.

Ein mögliches Bollwerk gegen den globalen Einheitsbrei wäre die Region, in der Landschaft und Architektur der Vielfalt von Klima und örtlicher Natur folgen. Sie wäre unverwechselbarer und ökologischer, wenn sie sich der örtlichen Materialien bedient und so sinnlose Transporte vermeidet. Und sie bremst Nationalismen und Hegemonien. Schwächen die regionalen Bestrebungen von Katalanen und Schotten Europa? Oder tut dies vielmehr der Nationalismus, der sie verhindert? Auch hier macht die Politik das Falsche: Anstatt den preistreibenden Konzentrationsmechanismen von Kapital und Megastädten entgegenzuwirken, privatisiert sie den öffentlichen Nahverkehr und lässt die Regionen ausbluten.

Gastwirtschaft, 20.05.2017

Anmerkung:
»Der stumme Frühling« (»Silent Spring«) war der Titel des legendären Buches der US-Biologin Rachel Carson, in dem sie bereits 1962 das große globale Insekten- und Vogelsterben infolge der Agrargifte prophezeite.

So entsteht Nationalismus

Der Euro und das Wettbewerbsmantra

Neben dem angenehmen Wegfall des Geldwechselns an den innereuropäischen Grenzen hat der Euro auch weniger positive Seiten: Extern ist er zwar sehr stabil. Intern ist er jedoch die weltweit einzige Währung ohne einheitliche Sozialstandards. Er begünstigt deshalb antisoziale, konzernfreundliche Staaten, die mit Lohndumping Wettbewerbsvorteile und Exportüberschüsse erzielen wollen und dabei schwächeren oder menschenfreundlicheren Staaten negative Handelsbilanzen zufügen.

Das unternehmerische Wettbewerbsmantra wird einfach auf Staaten übertragen. Früher konnten sich die Geschädigten wehren, indem sie ihre Währung abwerteten und so ihre Exporte steigerten. Ohne diese Möglichkeit, ohne europäischen Finanzausgleich, ohne einheitliche Sozialstandards entsteht ein notorischer Automatismus, der zu immer größerer Ungleichverteilung der europäischen Länder führt. Der heutige Nord-Süd-Gegensatz ist nur der Anfang.

Diese Entwicklung könnte mühelos durch eine solidarischere Ökonomie verhindert werden, indem stets mogelnde Konzerne und Superreiche gerechter und europaweit einheitlich besteuert werden. Und so wenigstens ein Teil von dem durch Maschinen und Finanzmärkte ohne Arbeit »verdienten« Geld an die abgezockte Bevölkerung zurückverteilt würde. Oder durch einen globalen Mechanismus, der, von einem bestimmten Überschuss an, Exporte solange aussetzt, bis die abgezockten Länder wieder gleichgezogen haben.

Stattdessen: Steuervermeider zu Präsidenten. Gezielte Verarmungsstrategien durch Reiche und reiche europäische Länder, scheinheilige »Austeritätspolitik« und »Privatisierung«. Sie heilen diesen Automatismus nicht nur nicht, sondern verschärfen ihn gewollt. Die »Troika« ist die »Treuhand« für die Griechen: man verhökert griechische Flughäfen an deutsche Konzerne und verringert trotz der Mehreinnahmen die griechischen Renten. Den so arm Gemachten bleibt als einziges der Stolz, einem Land anzugehören, das einmal »groß« war, oder laut Trump, Orban, Kaczynski und Hofer endlich »groß« werden soll. Die Abgezockten aus Unter- und Mittelschicht trösten sich: »Ich bin stolz Deutscher zu sein!« Oder Ungar oder Pole. Dafür können sie aber noch weniger.

Gastwirtschaft, 26.07.2016

Ein guter Finanzminister

Von Geldvermögen und Schuldenbergen

Ein guter Finanzminister macht nicht ausgerechnet bei Hochzinsen Schulden und jagt bei Niedrigzinsen der schwarzen Null nach. Stattdessen lässt er dann die marode Infrastruktur sanieren. Er versucht erst recht nicht, privaten Investoren in Niedrigzinsphasen über »Öffentlich-Private Partnerschaften« Gewinne zuzuschanzen.

Ein guter Finanzminister weiß auch, dass alle Geldvermögen und -flutungen immer die Schulden und Defizite der anderen sind. Konsequenz dieser Saldensymmetrie: Staatsschulden können niemals abgebaut werden, ohne irgendwo anders synchron Geldvermögen abzubauen oder neue Schulden anzuhäufen. Oder die Geldmenge zu erhöhen. Das gilt im Zeitalter der Globalisierung nicht mehr für einzelne Länder und »Nationalökonomien«, wohl aber weltweit.

Und da nun mal der Staat die Schulden hat und die Milliardäre die privaten Geldvermögen, funktioniert auch eine Schuldenbremse immer nur dann, wenn gleichzeitig der Anstieg der privaten Großvermögen oder der der Geldmenge gebremst wird. Bremst man aber nur einseitig die Staatsschulden, lässt aber Geldvermögensberg und Geldmenge gleich, wälzt man nur Staatsschulden innerhalb des Gesamtschuldenbergs um – auf Unternehmen und private Haushalte. Und da Unternehmen alles lachend über Rechnungen und Preise weiter wälzen, wird die Schuldenbremse am Ende nur von denen bezahlt, die selber keine Rechnungen stellen können – von den Normalsteuerzahlern, Rentnern und abhängig Beschäftigten.

Ein guter Finanzminister weiß auch: Gewinne, Hartwährungen und Exportüberschüsse erzeugen immer die symmetrischen Saldendefizite der anderen. Er weiß deshalb: Die Vorstellung, alle könnten gleichzeitig so positive Ergebnisse erzielen wie Deutschland, wenn sie nur dessen Tüchtigkeit folgten, ist Fiktion. Er vertritt auch nie einseitig die Kapitalseite. Er fordert nicht »marktkonforme Demokratie« oder »Griechenland muss das Vertrauen der Finanzmärkte zurückgewinnen«, sondern demokratiekonforme Märkte und Finanzmärkte.

Er weiß, dass Spekulation seit eh und je nicht Arbeit und deshalb aus gutem Grund mit Risiko verbunden ist. Er würde deshalb niemals die Haftung für die Spekulation von Börsianern oder Regierungsclans ausgerechnet auf die nicht-spekulierende Bevölkerung abwälzen lassen, sei es durch Rettungsschirme oder »Troika«. Er würde das vielmehr als Finanzputsch ansehen.

Gastwirtschaft, 29.05.2015

Anmerkung:
Der letzte Absatz wurde damals sofort verstanden, weil die Medien voll waren von Berichten über die Arbeit der sogenannten »Troika«. Die sollte im Auftrag von Brüssel die Griechenland-Krise sanieren. Die wiederum war vor allem durch die Finanzoperationen der sich in der Regierung abwechselnden beiden Familienclans des sozialdemokratischen Papandreou und des konservativen Karamanlis her-

vorgerufen worden. Die »Troika« wälzte die verheerenden Folgen einfach auf die lohn- und rentenabhängige Bevölkerung ab. Und bekam dafür Beifall ausgerechnet von der ebenfalls von CDU und SPD gestellten Regierung in Berlin.

So holt der Osten nie auf

Über die Mär von der Angleichung

Bei den Feiern zur deutschen Einheit sang man wieder das hohe Lied von der Angleichung von Ost an West: Es fehlten angeblich nur noch ein paar Lohn- und Rentenprozente. Ungleichverteilung hat damit allerdings wenig zu tun, aber viel mit privatem Vermögen. Warum? Selbst der frühere VW-Chef Winterkorn mit dem damals höchsten deutschen Netto-Jahresgehalt von 9,6 Millionen Euro müsste 2150 Jahre arbeiten, um das damals höchste deutsche Nettorealvermögen von 20,7 Milliarden Euro zu erwirtschaften.

Belastbare Untersuchungen über das Ost-West-Verhältnis privater Vermögen gibt es nicht. Von den 1000 reichsten Deutschen haben nur elf ihren Sitz in den neuen Bundesländern. Die Mehrheit davon vermutlich zugezogene Wessis. Von den im Jahr 2014 in Deutschland gezahlten 5,211 Milliarden Euro

Erbschaftssteuern entfielen 5,108 auf den früheren Westen und nur 0,103 auf den Osten. Nach Umrechnung auf die verschiedene Einwohnerzahl ergibt das im Westen pro Kopf 74,77 Euro, im Osten (einschließlich zugezogener Wessis) 7,46 Euro. Im etwa gleichen Verhältnis von zehn zu eins werden vermutlich auch die privaten Vermögen zueinander stehen. In Gesamtdeutschland haben fast 50 Prozent der Bevölkerung zusammen null Vermögen, 11 Prozent Schulden – im Westen weniger, im Osten viel mehr. Deshalb rangiert ganz Deutschland bei den Durchschnittsvermögen noch hinter Skandinavien, Island, Benelux, Österreich und sogar Italien.

Woher sollen ehemalige Einwohner eines realsozialistischen Staates auch größere Privatvermögen haben? Die entstandene Ungleichverteilung war voraussehbar. Sie wird aber dank heutiger Politik und der Konzentrationsautomatik des Kapitals nicht kleiner, sondern immer größer. Wo sind etwa die beträchtlichen Immobilienvermögen der DDR-Rentenanstalt geblieben? Jedenfalls nicht bei den Rentnern. Und vom Privatisierungswahn der »Treuhand« dürften nur wenige Ossis je etwas gehabt haben.

Abhilfe? Man könnte die geringere Ungleichverteilung im Osten an die hohe im Westen statistisch angleichen durch Zwangsumsiedlung von Oligarchen. Besser wäre aber eine angemessene Besteuerung superreicher Beute-Wessis. Nur so würde sowohl die Ungleichheit zwischen Ost und West verringert, als auch die zwischen oben und unten im Westen. Und die Einheitslügen würden sich erübrigen.

Gastwirtschaft, 26.10.2017

Anmerkung:
Zu dieser in diesem Buch einzigen Kolumne über die heutige Ungleichheit zwischen Ost und West gäbe es natürlich noch viel zu sagen. Allzu vieles geht auch weniger auf die DDR-Vergangenheit zurück als vielmehr auf die allzu unüberlegte und arrogante Durchsetzung westlicher Prinzipien im Osten. Die Maßnahmen der »Treuhand« beginnt man ja gerade langsam aufzuarbeiten. 85 Prozent der ostdeutschen Betriebe befinden sich in Westhand. 81 Uni-Rektoren und 24 oberste Richter kommen aus dem Westen – null aus dem Osten.

Hysterie um Demographie

Dabei haben wir lediglich ein Verteilungsproblem

Eins der abwegigsten Politikmärchen ist das von den Alten, die »nicht lange genug arbeiten«, »die Sozialsysteme belasten« und für die »die Jungen bluten müssen«. Tatsache ist: Wertschöpfung, Produktivität und Sozialprodukt sind in Deutschland seit 1965 bisher stets gestiegen, haben sich nach bestimmten Zeiträumen stets verdoppelt – trotz der immer mehr Alten.

Das ständig beschworene Demographie-Problem entpuppt sich als Verteilungsproblem. Das hochgelobte Umlagesystem zerschneidet absichtsvoll den Zusammenhang zwischen Wertschöpfung und Altersversorgung. Bismarck war kein Sozialist. Er wollte, dass Arbeitende sich gegen die Folgen der Industrialisierung gefälligst untereinander selbst versichern, damit die Früchte ungeschmälert der Kapitalseite zufließen. Nur die Arbeitenden sollten einzahlen, nicht die Reichen. Nach Riester nicht einmal mehr die sogenannten »Arbeitgeber«.

Die Jungen müssen also tatsächlich bluten, aber nicht für die Alten, sondern für Milliardäre und private Versicherungsindustrie. Wer nichts eingezahlt hat, bekommt am Ende die Grundsicherung. Wer jahrzehntelang geriestert hat, bekommt am Ende nicht etwa Grundsicherung plus Rente, sondern nur die Rente. Ist die genauso hoch wie die Grundsicherung, hat er jahrzehntelang umsonst eingezahlt. Begründung: es sei ja schließlich keine Kapitalanlage von Reichen, sondern eine Solidarversicherung von Nichtreichen. Oder für Lustreisen nach Budapest. Zum Dank hält Herr Riester Vorträge bei der Versicherungsindustrie für 10 000 Euro. Da wundert sich die SPD, wo ihre Wähler bleiben.

Demographiewandel ist kein Problem, sondern medizinischer Fortschritt. Man kann sogar sagen: Sozialprodukt und Wertschöpfung haben sich nicht trotz der immer mehr Alten verdoppelt, sondern dank. Denn das Lebensalter ist nie so schnell gestiegen, wie das Sozialprodukt. Sondern immer nur um 0,25 Prozent, das heißt: alle zehn Jahre um drei Jahre. Der immer höhere Anteil der Alten hat aber zu immer schnellerer Maschinisierung gezwungen, zu immer höherer Produktivität. Jedoch: Arbeitende und Alte bekommen von dieser immer höheren maschinellen Wertschöpfung immer weniger ab. Sie wird von der Kapitalseite unterschlagen.

Gastwirtschaft, 23.06.2015

Gespenstische Sondierungen

Vergangenheitsreparatur statt Zukunftskonzepte

Welches sind die großen ungelösten politischen Probleme unserer Gegenwart und Zukunft? Kleine Auswahl:

1. Die starre Koppelung der materiellen Existenz der Bevölkerung an Menschenarbeit, die in immer rasanterem Tempo von Automaten und Robotern

übernommen wird, die dann das Geld vor allem für andere verdienen.

2. Die rasant steigende soziale Ungleichverteilung durch diese quasi automatisierte Selbstvermehrung der privaten Milliardenvermögen, mangelhafte Kontrolle der privaten Finanzindustrie, augenzwinkernde Duldung immer monströserer Steuerprellereien der Großkonzerne und in deren Folge die immer weiter zunehmende weltweite Verschuldung sowie Verarmung immer größerer Bevölkerungsteile.
3. Die unumkehrbare Zerstörung von Natur und Klima aufgrund privaten Profits, Subventionierung der Energie- und Agrarindustrie und übertriebenen Fleischkonsums.
4. Die Schaffung immer neuer Fluchtursachen durch Rüstungsexporte, Überschwemmung Afrikas mit staatlich subventionierten europäischen Agrarprodukten, Zerstörung einheimischer Fischereien durch staatlich subventionierte Fabrikfangschiffe sowie Importe von Billigtextilien und -produkten, die zu unsäglichen Bedingungen produziert werden. Um nur ein paar Beispiele zu nennen.

War davon in Berlin bei den sogenannten Sondierungsgesprächen zur Bildung einer neuen Regierung die Rede? Nein. Man beschäftigte sich mit Unterthemen zur Minireparatur vergangener Großfehler. Etwa mit der Agenda 2010. Oder mit der

Obergrenze für Flüchtlinge. Oder mit der Exportreduktion von Kohlestromüberschüssen, denen zuliebe man Dörfer plattgemacht und Einheimische vertrieben hat. Die Selbstsicherheit, mit der die Sondierer dann vor die Kameras traten und ihr Klein-Klein verkündeten, hatte schon etwas Gespenstisches. Niemand hatte ein Zukunftskonzept.

Das wäre ja auch eigentlich Aufgabe der Legislative, des Bundestages. Doch genau das sollen Sondierungs- und Koalitionsgespräche verhindern. Bei näherem Hinsehen sind sie Vorwegnahme der Gesetze und des grundgesetzwidrigen Fraktionszwangs der nächsten vier Jahre. Zur Abwehr etwaiger Zukunftsgedanken von gewählten Abgeordneten, die nicht an den Sondierungen teilnahmen.

Gastwirtschaft, 28.12.2017

3. Wirkungen auf Stadt und Land

Moderne Pyramiden

Auch Bauen ist Verteilung

Der westliche Mittelständler staunt beim Kreuzfahrtabstecher vor den Pyramiden: »Mein Gott, was die damals schon geleistet haben!« Welches Schicksal wäre ihm wohl in der damaligen Sklavengesellschaft zuteil geworden? Oder in dem Weihnachtspflichtfilm »Der kleine Lord«? Schloss oder Slum?

Kritikloser Prachtbautourismus wurde nicht von der Bevölkerung erfunden, sondern von der früheren Baugeschichte, die sich vorrangig mit dem höfisch-sakralen Bauen beschäftigte und den alltäglichen Profanbau der Heimatkunde überließ. Das zeigt Parallelen zur heutigen reichtumsgelenkten, refeudalisierenden Mainstream-Ökonomie. Beide vernachlässigen Armut und Arbeit und stellen allzu selten Brechts Frage des lesenden Arbeiters: »Wer baute das siebentorige Theben?«

Natürlich muss es Bauten der Gemeinschaft geben. Wo wurden Größe und Pracht aber nur durch

Bevölkerungsarmut oder Rücksichtslosigkeit gegenüber menschlichen Qualen erzeugt? Mit wieviel Armut und Elend wurden die Kitsch-Schlösser des 19. Jahrhunderts erkauft? Etwa Neuschwanstein. Wo hingegen gelang gemeinschaftsbildende Pracht auch ohne Elend? Wo beruht feudale Ästhetik auf Menschenverachtung? Wo auf Gemeinschaftsanstrengung? Wo sind die Höhepunkte der Rücksichtslosigkeit? In den Sklavengesellschaften? Im Kolonialismus? Geschätzte 10 Millionen Tote beim Bau der Chinesischen Mauer, 100 000 beim Suezkanal, 28 000 beim Panama-Kanal.

Viele Länder wurden von kolonialistischer Rücksichtslosigkeit mehrmals überrollt. Ihre Bewohner hegen gegenüber Mega- oder Prachtbauten andere Gefühle als unsere Mittelständler (übrigens auch gegenüber dem Begriff »Kreuzfahrt«). Für sie signalisieren die Bauten jahrhundertelange koloniale Aggression und Demütigung. Welche Pflicht zu Selbstkritik und Wiedergutmachung haben die Verursacher dieser Demütigungen?

Rücksichtslosigkeit in diesen Dimensionen scheint in hochindustrialisierten Staaten überwunden. Wirklich? In Deutschland gibt es viel zu wenig bezahlbaren Wohnraum und deshalb mindestens 300 000 Obdachlose, darunter 32 000 Minderjährige, sowie jährlich 9000 Räumungsklagen. Wie wäre es mit einem Gesetz, dass Luxusprojekte wie Reichstagsverhüllung, Elbphilharmonie oder inhaltslose

Schloss-Rekonstruktionen nur noch da zulässt, wo es keine Obdachlosen mehr gibt?

Gastwirtschaft, 5.04.2017

Raum als Restbrei

Über die verfehlte Baupolitik in Deutschland

Ende Juni zeigte die Studie eines Wirtschaftsinstituts: In den Städten werden zu wenige Wohnungen gebaut, auf dem Land dagegen zu viele. Auch hier richtet also der Markt nicht alles. Prompt forderten zahlreiche Medien, »die Bagger umzuleiten«. Wäre das die Lösung? Nein. Man würde nur die preistreibenden Konzentrationsmechanismen von Kapital und Großstädten »prozyklisch« stützen und das flache Land weiter ausbluten. Wäre also der bisherige »antizyklische« Weg der Landgemeinden richtiger, durch Angebote guter Landschaftslagen und billigen Baulandes Firmen und Arbeitsplätze anzulocken und so das Ausbluten zu stoppen und den vorhandenen billigen Wohnraum auszulasten? Ebenfalls nein. Denn genau das hat ja bisher in Mega-Zersiedlung, Flächenfraß und die Schrottarchitektur der Gewerbezentren geführt. Von wegen »geschlossene Ortschaft«!

Sind also beide Verfahren falsch? Ja. Denn bei genauerem Hinsehen ist auch die bisherige Methode prozyklisch: Anstatt durch verdichtete Randgebäude markante Ortsränder zu schaffen und so das ständige Aussuppen extrem verdünnten Bauvolumens in die Landschaft zu erschweren (was man in Holland zeitweise versucht hatte), macht man das genaue Gegenteil: Tausende von Bauräten zeichnen tausende abstrakter »Flächennutzungspläne«, die nichts über die sinnliche und soziale Qualität der späteren Quartiere aussagen, stattdessen aber alle eins gemeinsam haben: Dichte, Geschossfläche und Bodenpreise nehmen zum Zentrum hin dramatisch zu und zu den Rändern hin gegen Null ab. Die Folge: Überall Los Angeles, Flächenfraß, Speckgürtel als Karikaturen früherer Dorfbilder, Raum als Restbrei und Immobilienabfall, sinnlos lange Versorgungsstränge und Verkehrswege. Auch in Küsten- und Touristengebieten. Schon vor 60 Jahren wurde unser Studentenprotest dagegen als Sakrileg abgetan.

Hat das was mit Kapitalismus zu tun? Ja. Denn die Bauräte machen nur das, was Mainstream-Ökonomen und -Politiker ständig machen, nämlich bei Ungleichverteilung, Arbeitszeitverkürzung, Renteneintrittsalter, Mietpreisen, Bankenrettung und G20: Kapitalgetriebene Fehlentwicklungen als Erfolg deklarieren und Fleißkärtchen hinterherwerfen. »Prozyklisch« eben. Primat der nicht gewählten Wirtschaft statt der wählenden Bevölkerung.

Gastwirtschaft, 11.08.2017

Stadtraum statt Ego-Architektur

Rekonstruktionen wie die »Neue Frankfurter Altstadt« sind Indiz für Defizite der Moderne

Alle Städte bemühen sich, ihre Innenstädte durch Architektur-Highlights attraktiver zu machen, vor allem, um Touristen anzulocken. Hamburgs Elbphilharmonie oder Bilbaos Gehry-Museum lösen Begeisterung aus. Und das, obwohl der sogenannte »Bilbao-Effekt« oft vor allem darin besteht, öffentliche Steuermittel aufzuwenden, um Touristenausgaben in die privaten Taschen von Gastgewerbe, Einzelhandel und Anlegern zu lenken. Auch Frankfurt wollte nun ein neues Highlight haben und ließ sein potthässliches, vulgärfunktionalistisches technisches Rathaus abreißen und an dessen Stelle ein Stück seiner früheren Altstadt wieder auferstehen. Das löste in der überregionalen Presse unerwartet heftige Kritik aus: »Folklore, Disneyland, Kostümball, Neonazi-Initiative.« Fast 1000 Menschen unterzeichneten eine Petition der Fachzeitschrift ARCH+: »Wider den modernefeindlichen Architekturpopulismus«. Man hatte im Frankfurter Initiativ-Verein mindestens zwei namentlich genannte, extrem rechte Mitglieder entdeckt und warnte eindringlich vor rechter Unterwanderung gutmeinender Stadtbildvereine. In der Presse wurde an die

Debatte um die Stuttgarter Weißenhofsiedlung durch die Nazis erinnert. Deren Vorzeichen waren allerdings umgekehrt: die Nazis verteufelten die Moderne.

Bei der nicht-fachlichen Bevölkerungsmehrheit wird die neue Frankfurter Altstadt voraussichtlich dennoch Zustimmung finden. Könnte es sein, dass es hier gar nicht um die Frage völkisch/nicht-völkisch geht, sondern um Unterschiede in der soziokulturellen und sinnlichen Wahrnehmung durch Fachwelt und Bevölkerungsmehrheit? Dieser Verdacht ist nicht neu. Er wurde bereits 1968 artikuliert. Und zwar von links. Unter anderem in Berlin vom Werkbundtag und in Frankfurt von der Mitscherlich-Schule. Man warf einer unkritischen Moderne allzu selbstgerechte Missachtung legitimer Bevölkerungssehnsüchte vor sowie allzu große Ökonomie-Hörigkeit. In der damaligen und späteren Kritik wurden vor allem drei Defizite beschrieben:

1. Totalverlust des Stadtraums
2. Verlust der regionalen Vielfalt
3. Besitzbedingte, funktionswidrige Entmischung.

Tatsächlich hat ja die Architektur-Avantgarde hervorragende Einzelbauten hervorgebracht, mit denen die Städte – wie oben beschrieben – Eigenwerbung betreiben. Aber noch nie in der Geschichte hat es eine derartige Diskrepanz zwischen theoretischem

Anspruch und abgeliefertem Durchschnitt gegeben wie in der Moderne. Städtebaulich hat sie Glück gehabt, dass es kaum Bedarf an völlig neuen Städten gab. Aber die wenigen von Grund auf neu geplanten oder gebauten sind alle gründlich danebengegangen, von Corbusiers überheblichem Paris-Ersatz bis zu Chandigarh und Brasilia. Früher gab es zwar Städte, die in Jauche versanken. Aber es gab keine geplant schlechte Architektur.

Beginnen wir mit dem Stadtraum. Der vormoderne Städtebau wurde nicht von den Gebäuden her entwickelt, sondern vom Stadtraum her. Die Stadt war eine Komposition aus Raumfolgen. Der öffentliche Raum war das »primär Gemeinte«, Schauplatz von Gesellschaft und Gemeinschaft. Die Gebäude waren nur das »sekundär Gemeinte«. Sie waren dazu da, die Stadträume so zu modellieren, dass man jederzeit wusste, wann man einen Stadtraum verließ und den nächsten betrat.

In sogenannten »Schwarzplänen« wurden diese primären öffentlichen Raumfolgen schwarz gezeichnet. Die Flächen für die sekundären Gebäude blieben weiß. Das zeigt, dass die Entwicklung der Stadt vom Raum her damals absichtsvoll und bewusst geschah. In modernen Städten interessieren dagegen nur die Gebäude.

Es entstand ein stumpfsinniger Aufzählungsstädtebau. »Punkt, Zeile, Hügel« lautete der Titel eines Architekturbuches. Sowohl in den Trabantenstädten und Großsiedlungen als auch in den Cities mit ihren Hochhäusern wurde der Raum zum zufälligen Restbrei, zum bloßen Immobilienabfall. Und die gute alte Blockrandbebauung mit ihren absolut ruhigen Höfen hat man ausgerechnet zu dem Zeitpunkt beseitigt, als erstmals in der Geschichte der Verkehrslärm aufkam. Der berühmte Zeichner Saul Steinberg hat diese schreckliche Banalisierung des Raumes schon in den 50er Jahren in bitterbösen Karikaturen glossiert. Sie gilt auch für die oben bereits genannten Leit-Entwürfe der Avantgardisten. Zugegeben: Seit den 60er Jahren hat sich einiges gebessert. Dennoch kein Grund, auf dem hohen Ross zu sitzen.

Ein ähnliches Schicksal wie dem Stadtraum widerfuhr der regionalen Vielfalt. Niemand würde die andalusischen »weißen Dörfer« in Russland, die roten schwedischen Holzhäuser in Nigeria, die pastellfarbenen italienischen Bergdörfer in Japan oder die Backsteinbauten der deutschen Ostseeküste in Südamerika verorten. In der Moderne stehen dagegen überall auf der Welt die gleichen gesichtslosen, rundum verglasten Bürohochhäuser, in Toronto verschwenderisch beheizt, in Nairobi noch verschwenderischer gekühlt. Ihre Rundumverglasung ignoriert nicht nur das örtliche Klima, sondern auch die Himmelsrichtung und vor allem den Nord-Süd-Gegensatz von Sonneneinstrahlung und Sonnenschutz. Sie ist nichts als irrationaler Glasfetischismus. Statt einfach Vielfalt: vielfach Einfalt. Und was die Trabantenstädte angeht, so kann man nicht ausmachen, ob sie in Warschau, Peking oder Lagos stehen.

In den USA stehen heute Leichtbauten aus Holz vor allem in Hurrikan-, Waldbrand- oder Überschwemmungsgebieten, massives, erschütterungsempfindliches Natursteinmauerwerk dagegen in Erdbebengebieten. Unsinnige antiphysikalische und antigeographische Verwechselbarkeit und Vermischung sind geradezu zum Beweis von Modernität geworden. Vielfalt ist eine Frage der geographischen Dimension. Weder das weltweite Einheitsgemisch noch die punktuelle Totalvermischung ergeben Vielfalt.

Im Gegensatz zu dieser visuellen Vermischung herrscht auf dem Gebiet der Funktionen eine gebrauchswidrige Entmischung vor. Obwohl sich die Moderne gern »Funktionalismus« nennt. Sie wird hier weniger von Planern als vielmehr von Besitzinteressen bestimmt. Supermarktbesitzer wollten sich (zumindest vor der kürzlichen Wohnungsbau-Initiative von Aldi) nicht mit Wohnungen abgeben. Über ihren eingeschossigen Läden werden deshalb vier Wohngeschosse verschenkt, die wir dann im Umland vor der Stadt wiederfinden. Kindergärten stehen eingeschossig mitten auf eigenem Grundstück herum, obwohl sie im Erdgeschoss von Geschossbauten nur die Hälfte an Heizenergie und kaum Fläche verbrauchen würden. Und im Walmdach des

Landgerichts lagern Akten in Südlage mit Fernblick, während die in jeder Hinsicht arme Rentnerin nebenan im Erdgeschoss auf der Nordseite an der lauten Straße wohnt.

Wie kommt das alles? Es hat vor allem etwas mit unserer Mainstream-Ökonomie zu tun. Und mit der Unfähigkeit vieler Stadtplaner, ihre eigene Rolle als deren willfähriges Werkzeug zu erkennen. Gebäude sind zur Ware geworden, zum bloßen Profit-Instrument. Raum lässt sich dagegen nicht ohne weiteres zur Ware machen. Deshalb entfällt er schlicht in der Moderne. Für Gemeinschaft interessiert sich die Ökonomie ohnehin nicht. Sie denunziert sie als Kollektivismus.

Das Gestrüpp aus Geldspargeln und Phallus-Symbolen in den Cities ist ohnehin Ökonomie-Ergebnis allzu maskuliner Vorstände. Und der Verlust an regionaler Vielfalt ist Folge der Globalisierung. Die zerstört per se alle Vielfalt: die Artenvielfalt mit globalisierter Chemie, die Sprachenvielfalt mit Computer-Denglisch und die regionale Vielfalt mit Hilfe ihres sinnlosen und umweltfeindlichen Transportfetischismus. Wo man sich früher zwecks Transport- und Energieeinsparung regionaler Ressourcen bediente, verkleidet (oder kostümiert) man heute das Berliner Bundespräsidialamt mit schwarzem indischem Marmor und Bottas Dortmunder Stadtbibliothek mit rotem schwedischem Sandstein. Rationale Gründe gibt es dafür nicht. Es sei denn, man hält den Arbeitsbeschaffungfetischismus für rational, mit dem Transport- und Energieverschwendung dann gerechtfertigt werden.

Mainstream-Architektur und Mainstream-Ökonomie ziehen gemeinsam an einem Strang. Beiden gemeinsam sind Selbstgerechtigkeit, Gleichgültigkeit gegenüber tatsächlichen Bevölkerungsbedürfnissen und lineare gedankliche Vereinseitigung. So, wie in der Ökonomie vor allem ökonomie-interne Kriterien interessieren, interessierten im Architektur-Funktionalismus vor allem architektur-interne Kriterien wie Funktion, Konstruktion und Technik. Viele gesellschaftliche und soziale Belange überlässt man anderen Disziplinen. Auch die Ästhetik soll sich aus dieser Reduzierung quasi nebenher von selbst ergeben. Im Alltag endete dieser elitäre Fortschrittsanspruch der Avantgarde dann in Abriss, Autowahn und der Bürokratie von Abstandsflächen, Geschossflächenzahlen und Typenwiederholung. Verödung des Raumes und das schreckliche Gemisch der Architekturzoos haben auch zu tun mit einem Verlust von Übereinkunft und Konvention. Früher konnten sich Neuerungen meist nur durchsetzen, wenn sie Verbesserungen brachten. Heute führen Profilierungswettbewerb und solche Medien, die auf Sensation erpicht sind, zu dem unsinnigen Planerehrgeiz, immerzu das ganz Neue, noch nie da Gewesene zu wollen.

Die Logo-Salate von Dubai oder Shanghai erhöhen aber nicht Ensemble-Fähigkeit und globale Unverwechselbarkeit. Sie haben eher mit der Ökonomie des schnellen Geldes zu tun.

Gern wird eingewandt, die Industrialisierung und ihre Materialien Stahl, Glas und Stahlbeton hätten nun einmal keine regional unterschiedlichen Eigenschaften. Nein, die Unterschiede resultieren vielmehr aus Temperatur, Himmelsrichtung, Wind und Landschaft. Und die führen nun einmal nicht zu den weltweit gleichen Ganzumglasungen, die dann durch noch aufwendigere und profitablere Haustechnik wieder kompensiert werden müssen. Auch nicht zu Verkleidungen mit ortsfremdem Sandstein oder Marmor. Auch nicht zu Glas und Sonnenschutz an Nordseiten oder Massivfassaden an Südseiten.

Also doch Rückkehr zu historischen Bauformen, zur Rekonstruktion? Nein. Denn die lösen kein einziges wirkliches Problem, schon gar nicht das eines bezahlbaren Wohnungsbaus. Das Gegenteil von seelenlos modern ist auch nicht nostalgisch gemütlich. In Wirklichkeit lautet die Frage ganz anders: nämlich »Globalisierung oder Vielfalt?« Wollen wir auch künftig im weltweiten Städtebau auf größtmögliche Vielfalt und Unverwechselbarkeit setzen? Wollen wir unsere Städte noch gestalten, oder sie willenlos dem Spiel von Globalisierung und Marktkräften überlassen? Und hier haben Rekonstruktionen wie die Frankfurter Altstadt durchaus einen – wenn auch vorübergehenden – Sinn: Nämlich die

Planer daran zu erinnern, dass die Moderne mit ihren Aufbruchsdefiziten erst am Anfang steht. Dass sie ihre Zukunft noch vor sich hat, eine Zukunft, in der hoffentlich irgendwann die Sehnsucht nach optischer Vielfalt und Unverwechselbarkeit zu ihrem Recht kommt.

Gastbeitrag, 6.06.2018

Nachverdichtung und Wahrheit

Wider den antifunktionalen Besitzstädtebau

Derzeit erleben wir die dritte oder vierte Nachverdichtungsdiskussion nach dem zweiten Weltkrieg. Bei allen bisherigen Debatten ist nichts herausgekommen – sie haben das Gegenteil der angestrebten Ziele erreicht. Und bei der heutigen Debatte läuft es wieder ähnlich. Wie kommt das?

Die früheren Nachverdichtungsdebatten waren vor allem eine Reaktion auf das Ausufern der Städte in die Landschaft, auf Flächenfraß, Stadtflucht und Naturzerstörung. Und auf die daraus folgenden immensen Verkehrs- und Erschließungskosten. Überall Los Angeles. Man forderte, Baulücken zu schließen, Dächer auszubauen und der unsinnigen funktionalistischen Ideologie des »Freistehenden« entgegenzuwirken, besonders den flächenfressenden »freistehenden« Einfamilienhäusern. Nachverdichtungen schonen nicht nur Natur und Landschaft, sondern sparen auch Energie. Freistehende Einfamilienhäuser verbrauchen bei gleicher Dämmung im Mittel dreimal so viel Heizenergie pro Volumen wie Geschosswohnungen. Und jede Baulücke verschwendet den Heizbedarf von so viel Wohnungen, wie sie Geschosse hat. In normalen Städten gibt es bis zu 70 Lücken pro Quadratkilometer. Je nach Geschosszahl und Gebäudetiefe verschwenden sie die Heizenergie von über 200 Wohnungen.

Welche dieser Forderungen wurde inzwischen erfüllt? Die Baulücken existieren fast alle noch. Und dank Industrie und der verheerenden Kohlschen Vision von den »blühenden Landschaften« haben nicht Nachverdichtung, Landschaftsschutz und Energieeinsparung gesiegt, sondern riesige Logistik- und Gewerbezentren an Autobahnen, Windrad- und Schaumstoffindustrie.

Hinzu kommt: Unsere Städte werden meist gar nicht von Architekten und Stadtplanern geprägt, sondern vor allem vom Besitz. Wieso? Nehmen wir eine typische Stadtstraße: An der einen Ecke steht das alte neubarocke Gerichtsgebäude. Daneben eine Reihe fünfgeschossiger Wohngebäude. An der anderen Ecke ein eingeschossiger Supermarkt und gegenüber ein eingeschossiger Kindergarten. Im voluminösen Mansarddach des Gerichtsgebäudes lagern die Akten in Südlage mit Fernblick. Nebenan wohnt ein Rentner im Erdgeschoss an dunkler Nordseite und lauter Straße. Und über Supermarkt und Kindergarten verschenkt man je vier Geschosse, die wir dann in der Landschaft vor der Stadt wiederfinden. Ist das funktionale Planung? Oder hat das vor allem damit zu tun, dass ein Wohnungsvermieter keinen Kindergarten im Erdgeschoss haben will und Discounter und Gerichtsherren keine Wohnungen über sich? Folge: antifunktionaler, antiräumlicher Besitzstädtebau. Monofunktionale Gebäude statt funktionaler Mischnutzung.

Dabei hatte man schon früh funktionalere Städte angedacht. 1964 hatte der Architekt Hans Hollein eine berühmte Bildmontage geschaffen, die heute im MoMA in New York hängt: ein Flugzeugträger in einer weiten, unbebauten Landschaft – eine Idealvorstellung von klar begrenzter, multifunktionaler Stadt in einer sonst unbebauten Landschaft. Passagierdampfer waren schon immer Architekturvorbild. Alles am optimalen Platz: Wohnungen im Süden, Büros im Norden, Läden, Akten und Veranstaltungsräume im Innern, Kitas im Erdgeschoss mit Garten. Tatsächlich wurden damals erste Anläufe in dieser Richtung realisiert: die Stadtzentren Cumbernauld in Schottland, Hochdahl bei Düsseldorf und bei der Uni Bochum. Leider alles Kommerzbeton der 60er Jahre.

Die Überlegung zeigt: Nachverdichtung darf sich

nicht darauf beschränken, nur Wohngebäude mit Wohnungen nachzuverdichten, wie derzeit diskutiert. Schon der Stellplatzbedarf steht dem entgegen. Ein viel größeres Potential liegt vielmehr darin, Nichtwohngebäude mit Wohnungen nachzuverdichten: Flachbauten mit Geschossen in modularer Leichtbauweise überbauen, bei laufendem Betrieb im Erdgeschoss. Neubarocke Gerichtsgebäude mit Dachterassenwohnungen versehen und über gläserne Außentreppenhäuser zu erschließen – alles Superaufgaben für gute Architekten. Jeder Stadtrundgang entzündet hier ungeahnte Phantasien. Tagesparkplätze von Kunden und Beschäftigten werden nachts von den Bewohnern genutzt. Stellplatzproblem fast halbiert. Schwer vorstellbar, dass Discounter oder Kommunen zusätzliche Mieteinnahmen und Streuung ihres Geschäftsrisikos nicht wollen. Notfalls kann das ja durch Steuervergünstigungen, Teileigentum oder andere gesetzliche oder vertragliche Regelungen gefördert werden.

Wenn die Nachverdichtung trotzdem wieder scheitert, dann deshalb: Unser Wirtschaftssystem ist prinzipiell nicht daran interessiert, mit minimalem Aufwand möglichst großen Nutzen zu erzielen, sondern genau umgekehrt: durch maximalen Aufwand an Umsatz, Arbeit und Material ein Maximum an Profit. Und den gibt es bei Schaumstoff, Windrädern, Flächenverbrauch, höherem Erschließungsaufwand und Besitzstädtebau – und eben nicht bei

Einsparung, Landschaftsschutz und Nachverdichtung.

Gastbeitrag aus der Reihe »Wie wollen wir wohnen?«, 29.04.2016

Schafft Bauen Armut?

Was Mietendeckel mit dem Schloss Versailles zu tun haben

Wieso gibt es Wohnungsnot und Mietendeckel in einem so reichen Land? Zum einen wegen früherer Entschuldungsverkäufe klammer Kommunen. Zum anderen wegen der Nebenwirkungen von Mario Draghis erfolgreicher Euro-Rettung: Nullzins, Geldschwemme und falsche Verteilungspolitik heizen nicht nur den Klimawandel an. Sie erzeugen auch Flucht in Betongold und dadurch Höchstmieten.

In London stehen Tausende Luxuswohnungen leer, weil ihre Milliardärskäufer nicht auf Mieten angewiesen sind. Superreichtum ohne Verteilungspolitik erzeugt seit je Verarmung. Der Bau des Schlosses von Versailles hat seinerzeit eine der größten Hungersnöte Frankreichs ausgelöst. Das rief nicht etwa Kritik hervor, sondern einen Protzwettbewerb in

Potsdam, Petersburg, Wien und Neuschwanstein. Mit Dauerleerstand Tausender Zimmer.

Das alles wird heute als Hochkultur verehrt und mit Milliarden unterhalten oder gar rekonstruiert. Die Rekonstruktion des Dresdner Schlosses mit »Paraderäumen« und »Grünem Gewölbe« kostete 380 Millionen und erzeugte so zweimal Armut: damals und heute.

Wer möchte schon den Kunsttitanen Michelangelo missen? Wer will ihm vorrechnen, dass Sixtinische Kapelle und Peterskuppel nur mit einer der übelsten Finanzierungslügen der Geschichte möglich wurden? Aber könnte man dann nicht wenigstens die teuer unterhaltenen Geschichtsdenkmäler als Lernobjekte nutzen, um vorzuführen, wie Hochkultur Armut erzeugt? Dabei haben Schulen, Hochschulen, Museen und Baugeschichte auf schauerliche Weise versagt.

Ist also alle Hochkultur stets nur aus Bevölkerungsarmut entstanden? Mitnichten. Fachwerkstädte, Italiens Bergdörfer, Wiener Wohnungsbau – bis vor 80 Jahren war Wohnungsbau lebendiger Beweis dafür, dass Hochkultur nicht aus Armut entstehen muss, sondern sie sogar überwindet. Selbst Zilles Hinterhöfe sind heute angesagte Szeneviertel. »Profanbau« nannte das früher die Baugeschichte verächtlich und feierte stattdessen das höfische und sakrale Bauen.

Und heute? Raum-, himmelsrichtungs- und bauphysikwidrige Glas-Geld-Spargel in New York, Hongkong, Shanghai und Frankfurt erzeugen Klimanotstand und Armut gleichzeitig. Und wegen des Mietendeckels wollen die Wohnkonzerne die Bundesrichter anrufen. Ob die wohl die Zusammenhänge durchschauen?

Gastwirtschaft, 14.11.2019

Anmerkung:
Elf Tage nach Erscheinen dieser Kolumne wurde in das zitierte »Grüne Gewölbe« in Dresden eingebrochen und Schmuck aus dem 18. Jahrhundert in mehrstelligem Millionenwert gestohlen.

4. Falsche Vorstellungen von Arbeit

Das Ende der Qualarbeit?

Über die zweite Maschinisierung

In den Sklaven- und Leibeigenen-Gesellschaften stand der Begriff »Arbeit« stets für Qualarbeit, für »Strafe für den Sündenfall«. Geistige Entfaltungstätigkeiten waren höfisch oder klerikal, hießen »Opus« oder »Oeuvre«. Das änderte sich mit der Industrialisierung. Damals hoffte man, die Maschinen würden nicht nur immer mehr Wohlstand produzieren, sondern dem Menschen auch immer mehr Qualarbeit abnehmen, mehr Zeit zur Entfaltung und Emanzipation geben. Ab 1796 entstanden erste Überlegungen zum Grundeinkommen, das allen Menschen aus den Maschinenverdiensten gezahlt werden sollte.

Es kam ganz anders. Die Kapitalseite beanspruchte die steigenden Maschinenverdienste für sich. Bisher höfische Entfaltungstätigkeiten wurden ebenfalls zur »Arbeit« erklärt, um ihre Bezahlung zu begründen. Die bisherigen Festungsbaumeister, die Kavaliere, nannten sich nun Architekten. Gestaltung, Jagd, Turniersport, Kunst, Theater, Spekulation – alles war plötzlich »Arbeit«, oft, wenn es gerade dem Wunsch entsprang, sich der Qualarbeit zu entziehen. Die bisherige klare Unterscheidung zwischen Qualarbeit und Entfaltungstätigkeit wurde verwischt. Plötzlich wurde alle Existenzlegitimation (außer Kapitalgewinnen) an den Begriff »Arbeit« gekoppelt. Und das ausgerechnet genau zu dem Zeitpunkt, als die Maschine deren langsamen Rückgang einläutete.

Hinzu kam: Ausgerechnet als die Qualarbeit in den neuen Bergwerken und am Fließband einen neuen, nie dagewesenen Höhepunkt erreichte, begann der erste große Feldzug zu ihrer Verherrlichung. Aufseher, Poliere, Steiger und Funktionäre hatten ebenfalls – wie die früheren Höflinge – den Trick entdeckt, sich selber der Qualarbeit zu entziehen und ihren Arbeitern die schönen Lieder vom »glücklichen Bergmann« und dem »Bauern im Märzen« beizubringen.

Aus dem Jahrtausendtraum von der Überwindung der Qualarbeit wurde so gezielt der Albtraum Arbeitslosigkeit gemacht. Die immer größere maschinelle Produktivität erzeugte ein immer größeres Überangebot an Arbeit, das die Ökonomen durch ständige Mehrproduktion (sprich Wachstum) zu kompensieren suchten. Ihre Logik: »Leider vernichtet die steigende Produktivität immerzu Arbeit. Deshalb müssen wir jedes Jahr mehr produzieren, sonst haben wir nicht genug zu tun.« Anstatt einen existenzsichernden Anteil am rasant steigenden BIP zu fordern, forderte man »Arbeit! Arbeit! Arbeit!« Das machte Politiker zu Wohltätern und diente als Vorwand für alle sozialen und ökologischen Schandtaten dieser Welt: für exzessive Vergeudung, Vermüllung, Verdummung, Vertreibung, Verpackung, Verwaltung, Verschandelung, Verwüstung, Vernichtung von Arten, Vergiftung von Insekten und Äckern, Bürokratie, Tierquälerei, Rüstung und Kriege. Der Beschäftigungsstaat war geboren.

Ändern wir diese Einstellung nicht, wird die digitale »zweite Maschinisierung« zur Katastrophe. Forscher prophezeien, dass sie ganze Branchen vernichten wird, in Europa 50 Prozent der Arbeitsplätze. Dagegen prophezeien rechte Mutterkreuzler einen Rückgang der benötigten Arbeitskräfte um bis zu 35 Prozent wegen Überalterung. Sie kapieren nicht, dass das Sozialprodukt trotz oder vielleicht sogar wegen der immer mehr Alten stets gestiegen ist, es also bei gleich bleibender Bevölkerung immer mehr zu verteilen gab. Es wurde nur nicht verteilt, sondern von Milliardären und Konzernen eingesteckt.

In jedem Fall eröffnet die Digitalisierung erneut die große Chance, endlich Qualarbeit zugunsten von Entfaltungsarbeit zurückzudrängen. Die große Frage lautet: Wie soll die rasant steigende maschinelle Wertschöpfung verteilt werden, wenn menschliche Arbeit als Einkommenslegitimation immer mehr ausfällt? Das verlangt völlig neue Definitionen von Verteilung, Bildung und Partizipation. Und das muss endlich von gewählten Politikern verantwortet werden und nicht von ungewählten IT-Monopolisten. Niemand verlangt ja auf einen Schlag 20-Stunden-Woche, bedingungsloses Grundeinkommen und die Rückverteilung der leistungslos erworbenen privaten Supervermögen. Aber man kann doch erwarten, dass die Politik endlich Zukunftskonzepte vorlegt.

Offenbar überlässt sie das aber lieber den ungewählten Erlöserfiguren aus Silicon Valley. Nach dem Staatsstreich der Finanzmärkte nun der der IT-Industrie. Die will den »neuen Menschen«, den »Libertaristen«. Der ist unpolitisch, süchtig nach digitalem Bedienungswissen, liefert persönliche Daten freiwillig ab und demonstriert nicht. Sie hält das für »digitalen Sozialismus«. Sie vergisst: Smartphones kaufen keine Roboter, Roboter keine Roboter. Irgendwann gehen den Milliardären die Konsumenten aus und dem Staat die Steuerzahler. Für den Kotau der Politik steht der Satz: »Griechenland muss das Vertrauen der Finanzmärkte zurückgewinnen.« In 20 Jahren heißt es dann: »Ihr müsst das Vertrauen der IT-Industrie zurückgewinnen.« Dann ist es zu spät.

Gastbeitrag, 19.04.2015

Wider die Evolutionslogik

Die Wochenarbeitszeit müsste gesenkt werden

Dem Industrialisierungsprozess wohnt eine evolutionäre Logik inne: Immer mehr Menschenarbeit wird von Maschinen, Computern und Robotern übernommen. Nicht zuletzt dadurch steigt die Lebenserwartung. Trotz abnehmender Menschenarbeit und immer mehr nicht arbeitender Älterer steigt der Wohlstand dank immer höherer Produktivität der Maschinen. Diese Evolutionslogik ist an sich unumkehrbar. Würde mit zunehmender Maschinenarbeit die Menschenarbeit steigen, Wohlstand und Lebenserwartung dagegen sinken, hätte es keine Industrialisierung gegeben.

Dennoch hat die Kapitalseite diese Logik umgekehrt. Sie hat die Arbeitszeit stets zu langsam verkürzt, seit 30 Jahren die Verkürzung sogar ganz gestoppt. Sie hat so die Arbeit absichtsvoll per Überangebot entwertet, um so die Maschinisierungsgewinne selber einzustecken. Allein von 1960 bis 2012 sank das tatsächlich geleistete Jahresarbeitsvolumen pro Erwerbstätigen auf 64,6 Prozent (von 2163 auf 1397 Stunden). Bei Einrechnung der seit 1960 höheren Arbeitslosigkeit sogar auf 59 Prozent. Bei Abzug überflüssiger und schädlicher Arbeit noch weiter – allen offiziösen Scheinrechnungen zum Trotz. Die gesetzliche Wochenarbeitszeit wurde aber nur von 40 Stunden (1960) auf 38,5 bis 35 Stunden verkürzt. Ab 1990 wurde gar nicht mehr verkürzt, teilweise sogar erhöht. Rot-Grün sah die Schuld fälschlich im Standortwettbewerb und demographischen Wandel und wollte sogar die Lebensarbeitszeit wieder erhöhen.

Obwohl also heute nur noch zwei Drittel des Arbeitsvolumens von 1960 aufgewandt werden, hat sich das preisbereinigte Bruttoinlandsprodukt seither mehr als verdreifacht. Die Nettoreallöhne sind aber nicht entsprechend gestiegen, seit 2003 sogar um 0,3 Prozent gesunken. Pro Arbeitsvolumen wird heute also das 4,5-fache gegenüber 1950 erwirtschaftet, aber nur noch ein Bruchteil der damaligen Arbeitskosten gezahlt. Der Rest floss zum Teil in die notwendige Maschinisierung (soweit die nicht bereits in den Produktpreisen steckt), zum größeren Teil auf die Konten des reichsten Prozents, das heute die Hälfte des Weltvermögens besitzt. Oft leistungslos per Abschöpfung von der Arbeit Anderer, per Megavergütungen, Spekulation, Steuervermeidung, Abzocke und Hartz IV-Schikane. Opfer sind Arme und immer größere Teile der Mittelschicht. Doch die meisten wählen weiter dankbar »ihre Metzger selber«.

Gastwirtschaft, 30.03.2016

Anmerkung:
Die Zahlen basieren größtenteils auf dem Säulendiagramm »Arbeitsstunden pro Jahr je Erwerbstätigen 1960 – 2012« (siehe Lit. verz. Kap. 4: Allmendinger / Eichhorst / Walwei)

Muster der Macht

Über die Angst vor der Arbeitslosigkeit

Machthaber hielten stets die Bevölkerungen mit Angst in Schach, um ihre privaten Aneignungen und Bereicherungen zu rechtfertigen. Diese Angst wurde dann von herrschaftshörigen Gurus zu gewaltigen Ideologien überhöht, die als verbindlich galten. Was früher die Religion war, ist heute die Wirtschaft. Sie stellt die höchsten Gebäude, die Gurus, die Lebensregeln und erzwingt den Kotau der Politik.

Früher wurde Macht vor allem blutig durchgesetzt. Angstinstrumente waren Hinrichtungen und Hölle. Das Christentum tat sich terroristisch besonders hervor: mit Kreuzzügen, Konquistadoren, Kolonialisten oder Königen. Im Gegensatz zu Luther setzte Heinrich VIII. in England die Reformation mit Hilfe von Hinrichtungen durch, um das katholische Kircheneigentum in seinen Besitz zu bringen. Wie heute die »Troika« in Griechenland versuchte man schon damals, sogenannte »Privatisierungen« der Superklasse als Reform zu tarnen.

Religiöse Angstmittel werden nach und nach durchschaut und wirkungslos. Die Ökonomie hat da dauerhaftere, scheinbar unblutige Instrumente. Vor allem die Angst vor der Arbeitslosigkeit. Wie bei der »Reformation« durch Heinrich VIII. wurde ein ursprüngliches Befreiungsinstrument in ein Angst- und Aneignungsinstrument umfunktioniert: Kapitalseite und Politik verkürzen einfach die Arbeitszeit nicht um die Zeit, die von Maschinen übernommen wird. Auf diese Art und Weise können sie das von den Maschinen verdiente Geld leistungslos selbst einstecken, die Arbeit durch Überangebot entwerten und Protest in Existenzangst ersticken. Und wie immer wird das Angstinstrument dann als Reform und Wohltätigkeit ausgegeben. Die Aneigner spielen sich als Arbeitsbeschaffer und Wohltäter auf.

Das tun auch die Silicon-Valley-Erlöser. Es soll verschleiern, dass ihr Reichtum die Armut am anderen Ende der Welt auslöst, wo Kinder die benötigten seltenen Erden mit bloßen Händen aus dem Boden kratzen oder billige Textilien produzieren, damit die Erlöser ihre »sozialen Netzwerke« und Produkte billig halten können. Und irgendwann wird man begreifen, dass auch die jetzt von der Rüstungswirtschaft ausgelöste und von rechts ausgenutzte Flüchtlingsangst im Interesse der Reichen und des Arbeitsdumpings ist. Die Muster der Macht bleiben immer die gleichen.

Gastwirtschaft, 13.02.2016

Überflüssige Arbeit

Was unseren Globus und das Klima ruiniert

»Arbeit ruiniert die Welt« war der Untertitel eines grandiosen Buches, das Christian Schütze, einer der ersten großen Umweltredakteure Deutschlands, 1989 schrieb. Alle Evolution sei Entmischung mit Hilfe von Sonnenenergie. Aus dem glühenden Urgemisch unseres Urplaneten habe die Evolution so im Laufe von Jahrmilliarden die Bodenschätze, Potentiale, Vielfalt und Wunder unserer Erde aufgebaut. Alle Arbeit aber, die Material nicht mit Sonnenenergie bewege, betreibe Vermischung, drehe die Evolution zurück. Sie verrühre die Vielfalt dieser Welt wieder zu einem großen Einheitsmischbrei aus Müll, Allerweltsarten, Abfalllandschaften und globaler Einheitszivilisation.

»Entropie« hatte der Physiker Rudolf Clausius schon 1865 dieses Umkehren der Evolution genannt. Ökonomen und Politiker nennen es dagegen »Arbeitsbeschaffung«, »Wertschöpfung« und »Globalisierung«. Sie glauben zum Beispiel, Wohlstand und Wertschöpfung entstünden, wenn möglichst viele Japaner deutsche Autos und möglichst viele Deutsche japanische fahren. Denn nur so entstünde neue Arbeit durch neue Transporte, Umschlaghäfen und Energieverbräuche. Auch Plastikverpackungen, Ferntourismus, Rüstung und Kriege seien leider unvermeidlich, weil sie Arbeit schüfen.

Sie merken nicht, dass genau diese Art von Arbeitsbeschaffung Globus und Klima stärker ruiniert, als noch so viele Windräder, CO_2-Bepreisungen und E-Autos kompensieren können.

Welche Werte entstünden denn weniger, wenn Deutsche nur deutsche Autos führen und Japaner nur japanische? Und welche der dadurch eingesparten Transportarbeiter könnte man denn »nicht mitnehmen«, wenn man ihnen das durch Verzicht auf Transporte, Häfen und Energie eingesparte Geld gäbe, ohne sie vorher Umwelt zerstören zu lassen? Und wieso kann Wohlstand in Industrieländern nur erhalten werden, wenn jedes Jahr mehr produziert wird als im Vorjahr?

40 bis 60 Prozent aller weltweit geleisteten Arbeit sind überflüssig, vermeidbar oder schädlich (während in den Entwicklungsländern notwendigste Arbeiten unterbleiben). Und sie sind Hauptursache der Klimakatastrophe. Schuld daran ist eine Ökonomie, die grundsätzlich alles, was Umwelt und Klima rettet, als Katastrophe definiert: Arbeitseinsparung,

Nullwachstum, Konsumverzicht, Konjunktureinbruch, Handelsbeschränkungen und Protektion. Es ist der ewige Kampf von Profit und Konsum gegen das Klima.

Gastwirtschaft, 31.12.2019

Protektion tut Not

Freihandel nutzt vor allem dem Kapital

Kapitalhörige Ökonomen behaupten gern, Freihandel erhöhe Wachstum und Wohlstand. Und Protektion verringere beides. Richtig ist stattdessen: Wenn der internationale Handel zurückgeht, entfallen zuerst einmal unsinnige Transport- und Ladetätigkeiten und deren Emission und Energieverbrauch. Das ist gut für Klima und Umwelt. Es werden dadurch aber nicht weniger Autos gefahren oder Konsumgüter verbraucht, sondern nur mehr landeseigene und weniger fremde.

In Ländern mit bisherigen Importüberschüssen stiegen deshalb Produktion und Wachstum sogar. In Ländern mit Exportüberschüssen sänken sie allerdings. Aber auch das wäre gut, denn dann könnten die Überschuss-Länder nicht mehr unter dem Mäntelchen des Wettbewerbs und Freihandels anderen Ländern negative Handelsbilanzen zufügen und ihre eigene versäumte Arbeitszeitverkürzung in deren Arbeitslosigkeit verwandeln. China nicht mehr in die der USA und Deutschland nicht mehr in die Südeuropas. Und die Unternehmer der Entwicklungsländer könnten nicht mehr mit ihren verordneten Hungerlöhnen Gewerkschaftsmacht untergraben und ein weltweites Lohndumping anzetteln.

Natürlich können nicht alle Länder Flugzeuge herstellen. Auch nicht hochwertige Medizintechnik oder hochspezialisierte Maschinen. Wenn sie keine eigenen Bodenschätze, Edelhölzer oder Südfrüchte haben, würde aber meist schon Verzicht auf Rüstungsimporte die Einfuhr von Maschinen für eine nationale Eigenproduktion erlauben, und so nach und nach einen angemessenen Wohlstand. Lediglich kleinere Kanonenboote zur Abwehr europäischer Fischereifabrikschiffe dürften erlaubt sein. Vor allem aber müssten sie sich mit Zöllen gegen Billig-Agrarimporte wie Geflügelabfälle oder wässerige Treibhausfrüchte wehren, um die eigenen Bauern zu schützen. Nur den wenigen Entwicklungsländern, die über keinerlei eigene Exportressourcen verfügen, bleibt nichts anderes übrig, als anfangs mit niedrigen Löhnen billige Exportwaren zu fertigen, um im Gegenzug Maschinen für eine industrielle Produktion des nationalen Eigenbedarfs einführen zu können.

Fazit: Insgesamt nutzt der Freihandel vor allem dem globalen Privatkapital. Und Protektion vor allem ärmeren Entwicklungsländern und den Arbeitenden weltweit.

Gastwirtschaft, 24.04.2018

Ungezügelter Welthandel

Zölle dienen dem Klimaschutz

Die sogenannten Klassiker der Ökonomie – wie Adam Smith und Ricardo – schwärmten von Arbeitsteilung und friedlichem Wettbewerb. Nicht alle sollten alles produzieren, sondern jede Region das, was sie am besten konnte. Die einen Tuch und die anderen Kekse. Was ist aus diesem an sich vernünftigen Ansatz heute geworden? Dass Japaner unbedingt deutsche Autos fahren müssen und Deutsche unbedingt japanische. Ist das noch die Ökonomie der Klassiker? Oder ist es nicht längst das genaue Gegenteil, wenn zwei das Gleiche produzieren und es dann kreuzweise über den halben Globus transportieren? Ist es wirklich vernünftig, dass ausnahmslos alle US-Fahrräder heute in China produziert werden und den US-Fahrradläden nur noch etwas Endmontage bleibt? Ganz abgesehen vom Transportaufwand. Was damals vernünftig, weil noch halbwegs regional war, ist heute global und national. Das führt zu der Frage: Weshalb ist Nationalismus bei den globalen Wirtschaftseliten so verpönt, während dagegen rücksichtsloser Wirtschaftsnationalismus so hoch im Kurs steht?

Diese Art von ungezügeltem Welthandel ist eine der Hauptursachen der Klimakrise. Er hat ein gigantisches überflüssiges Frachtervolumen geschaffen mit eigener Schwerölproblematik, mit gigantischen Umschlaghäfen und leichtsinniger Container-Logistik. Er ist Teil des antiregionalen Transport- und Mobilitätswahns der globalen Wirtschaftseliten, bei dem am Ende das Berliner Bundespräsidialamt mit indischem Marmor und Bottas Dortmunder Stadtbibliothek mit schwedischem Sandstein verkleidet werden. Er schafft dauernd vermeidbare Transporte, vermeidbaren Energieverbrauch, vermeidbare Arbeit. Schafft er überhaupt noch Werte? Ist es überhaupt noch Ökonomie, im Sinne von »Oikos«, von »haushalten«? Oder ist es nicht längst eine Riesen-Wertvernichtungsmaschinerie, in der alles zum vermeintlichen »Wachstumsmotor« hochgelogen wird: Ungleichverteilung, Bullshit-Jobs, Lohndumping, Arbeitslosenschikane, Rüstung, Verpackung, Datenklau, Beleuchtungsexzesse?

Da wäre es tatsächlich ein Fortschritt, wenn die BMWs für die USA nur noch in North-Carolina produziert würden. Und sich der Wirtschaftsnationalismus hier nur noch auf die Renditen der Familie Quandt beschränkt.

Gastwirtschaft, 11.03.2019

Künstliche Beschäftigung

Wie Arbeitsbeschaffung missbraucht wird

Immer weniger Menschen produzieren immer mehr. Immer weniger Bauern können immer mehr Menschen ernähren, immer weniger Jüngere immer mehr Ältere. Immer weniger Menschen können die Existenz von immer mehr anderen sichern. Grund: Die Produktivität wächst noch immer. Trotzdem halten Politik und Mainstream-Ökonomie hartnäckig daran fest, dass Existenzsicherung nur oder vor allem durch Arbeit legitimiert werden darf. Das kommt zwar eingefahrenen Denkgewohnheiten entgegen, hat aber mehrere fatale Konsequenzen: Es führt zu dem Zwang, immer mehr künstliche Beschäftigung zu erfinden und überflüssige oder gar schädliche Arbeit zu erhalten. Derzeit führt es zu dem aberwitzigen Gedanken, den »Arbeitgebern« zuliebe einen Niedriglohnsektor staatlich zu bezuschussen und das mit dem 200 Jahre alten Begriff »Grundeinkommen« zu etikettieren, um genau darüber die Diskussion zu vermeiden. Diese künstliche oder gar schädliche Arbeit wird von den Gewerkschaften dann auch noch beschwörend »gute Arbeit« genannt. So wie man in den Notzeiten nach dem Krieg immer »gute Butter« sagte.

Ist die Produktion von Rüstung, Agrargiften,

Kunststoffmüll und Sozialbürokratie »gute Arbeit«? Oder dient hier eine verlogene Beschäftigungsindustrie vielleicht eher dazu, alle Schweinereien dieser Welt als Humanfürsorge schönzureden? Und da sind noch weitere fatale Konsequenzen: die Koppelung der Existenzberechtigung an die zurückgehende Arbeit führt zu deren Überangebot, Entwertung und Prekarisierung. Der Aufbau künstlicher Beschäftigung wirkt dieser Fehlentwicklung nicht nur nicht entgegen, sondern verschärft sie weiter. Vor allem aber: Die zu billige Arbeit hält Unternehmen von notwendigen Zukunftsinvestitionen ab. Rückständige Ideologie fördert sich so selber.

Sinn eines Grundeinkommens ist vor allem zweierlei: Einen Teil der von der Kapitalseite leistungslos eingesteckten Produktivitätsgewinne per Steuer von oben nach unten zurückzuverteilen und eine mündige Bevölkerung in die Lage zu versetzen, schädliche Arbeit ohne Gefährdung der eigenen Existenz ablehnen zu können. Es wäre die direkteste Form der direkten Demokratie. Und eine wirksame Waffe gegen einseitig kapitalgesteuerte Politik.

Gastwirtschaft, 24.07.2018

Anmerkung:
Der unsinnige Gedanke, Niedriglöhne staatlich zu bezuschussen und das dann »Grundeinkommen« zu

nennen, stammte vom Berliner Oberbürgermeister und SPD-Vorsitzenden Müller und wurde damals in den Medien ernsthaft diskutiert.

Vermeidbarer Handel

Nicht jede Arbeit bringt Wertschöpfung

Es wird immer notwendigen internationalen Handel geben. Es wird immer Länder geben, denen für die Eigenproduktion bestimmter Güter genügend Ressourcen, Know-how, Kapital oder Größe fehlen. Derzeit gibt es jedoch ein Übermaß an nicht notwendigem, vermeidbarem Handel. Länder importieren Güter, die sie mühelos selbst herstellen könnten. Ursache sind meist Dumpingpreise durch zu billige Löhne im Exportland.

Beispiel: Die USA haben keine eigene Fahrradproduktion mehr. Sie importieren alle Räder aus China. Solche vermeidbaren Importe können vorübergehend Sinn machen, um Entwicklungsrückstände in armen Ländern aufzuholen. Sie werden jedoch schädlich, wenn zwei Länder mit gleichen Gütern handeln, die sie dauerhaft beide selbst herstellen können. Also wenn Japaner deutsche Autos importieren und Deutsche gleichzeitig japanische. Ein solcher Handel belastet den Planeten unnötig. Nicht nur durch vermeidbare Transporte, sondern vor allem auch durch vermeidbaren Sekundäraufwand wie Bau und Unterhalt von Schiffen und Häfen sowie deren Material- und Energiebedarf. Noch schädlicher ist Handel, der einheimische Wirtschaften durch importierte industrielle Billigprodukte zerstört, etwa in Afrika. Solche nicht arbeitsteiligen Formen des Handels waren von den Klassikern der Ökonomie nie vorgesehen.

Würde dieser Handel entfallen, verlören viele Menschen ihre Arbeit, sagen Ökonomen. Nachfrage, Wettbewerb, Wertschöpfung und Wohlstand gingen zurück. Dieses ewige Arbeitsplatzargument ist einer der schwersten Denkfehler der Ökonomie. Tatsächlich ginge der Wohlstand gar nicht zurück. Es gäbe genauso viele Lebensmittel, Kleidung, Autos und Bedarfsgüter wie vorher, nur eben einheimische. Die Einkommen aus Transport und Transportmittelindustrie entfielen zwar. Dafür würden aber deren Material-, Energie-, Aufbau- und Unterhaltskosten gespart.

Zu vermeidbarer Arbeit gehören auch große Bereiche der Branchen Verpackung, Agrarchemie, Rüstung sowie der Bürokratie. »Bullshit-Jobs« nennt sie der US-Anthropologe David Graeber. Ihre einzige Funktion ist der Rendite-Vorwand. Würde man diese vermeidbare Arbeit weltweit abschaffen, ergäben sich Abermilliarden an Einsparung. Damit ließe sich vermutlich mühelos ein Grundeinkommen für alle von Arbeit Befreiten finanzieren. Vor allem aber würde die Natur stärker entlastet als durch jede CO_2-Steuer.

Gastwirtschaft, 4.10.2019

5. Folgen falscher Arbeit

Pharaonen und Priester

Was uns der Bau der Pyramiden lehren kann

Das Verhältnis der Ökonomie zum Klimawandel ist leicht zu beschreiben. Alles, was Mainstream-Ökonomen toll finden, zerstört das Klima: Wachstum, Konjunktur, Ferntourismus, vermeidbarer Handel, Freihandel mit Mercosur, vermeidbare Arbeit. Und alles, was sie schlecht finden, rettet es: Nullwachstum, Zölle, Protektion, Transport- und Arbeitsvermeidung.

Die große Klimakatastrophe kommt 70 Jahre früher als zuerst berechnet. Bis dahin sind Permafrostböden, Polar- und Gletschereis längst aufgetaut. Im TV waren große, tiefe Löcher zu sehen, mit denen Sibiriens Norden übersät ist. Ursache: gewaltige Methangas-Explosionen und Moorbrände in jenen Permafrostböden, die 25 Prozent der Landmasse der Nordhalbkugel ausmachen. Methan ist 28 mal so klimaschädlich wie CO_2. Dagegen schlägt man allerlei Strategien vor: freiwillige Schamabgaben ab fünf Euro pro Flug, aufkommensneutrale CO_2-

Steuern, Neupflanzung von einem Drittel des Weltwaldes. Alles nicht ganz falsch, aber hoffnungslos zu wenig und zu spät.

Der schwerste Angriff aufs Klima wird dagegen beharrlich nicht erkannt: Die Koppelung des Lebensunterhalts an die 40 bis 60 Prozent vermeidbarer Arbeit. Klar, dass das jene nur schwer begreifen können, deren Existenz man davon abhängig gemacht hat: Sie protestieren, wenn sie nicht Kohle, Waffen und Ackergifte produzieren dürfen.

Vielleicht kann man es ja an einem Beispiel aus der Frühzeit erklären. Schon die Pyramiden waren Arbeitsbeschaffung. Man sagte den Arbeitssklaven: Wenn ihr nicht arbeitet, bekommt ihr kein Geld und müsst verhungern. Dass ihre Lebensmittel auch völlig ohne Pyramiden erzeugt worden wären, ging den Arbeitern nicht auf. Das wurde von Pharaonen und Hohepriestern durch allerlei Hokuspokus sorgfältig verhindert. Die heutigen Hohepriester haben im Laufe der Zeit um diese Trivialtatsache ein monströses Gebäude aus Pseudoökonomie entwickelt, das sie mittlerweile selbst nicht mehr durchschauen. Dabei wären sie die letzte Generation, die die Klimakatastrophe noch bremsen könnte.

Die Pyramiden von heute sind die Milliardenberge von Bezos und Zuckerberg. Sowie riesige Umschlaghäfen, die man baut, damit Deutsche japanische Autos fahren können und Japaner und Südamerikaner deutsche. Letztere bezahlen mit

Rindfleisch, Sojabohnen und eingeflogenen giftigen Chrysanthemen. Regenwaldrodung und Rinderabgase gegen Autoabgase.

Fazit: Mit Marktplacebos und überflüssiger Arbeit ist das Klima nicht mehr zu retten. Sondern nur mit Wohlstandsverzicht der Reichen und der reichen Länder. Und mit Grundeinkommen für die von schädlicher Arbeit Befreiten.

Gastwirtschaft, 23.07.2019

Zu späte Erkenntnis

Überflüssige Arbeit schadet dem Klima

Die wenigen Wissenschaftler, die im Jahr 2100 die Klimakatastrophe im Wüstendorf Potsdam überlebt haben, werden schreiben: Vor 80 Jahren gab es fünf Meinungsgruppen:

1. Einfache Leute, die glaubten, dem Klima ein Schnippchen zu schlagen, indem sie die wählten, die den Menschenanteil leugneten.
2. Kompliziertere, die glaubten, Textil-, Fleisch- und Kreuzfahrtindustrie würden verschwinden, wenn man nur ihren CO_2-Anteil bepreise.
3. Ganz naive TV-Leute, die Sätze bildeten wie: »Er-

freuliche Nachrichten aus China: Das Wachstum der verarbeitenden Industrie zieht wieder an.«

4. Komplette Fachidioten, die nach wie vor glaubten, Wohlstand sei nur zu erhalten, wenn die reichen Industrieländer stets mehr produzierten als im Vorjahr.
5. Sehr junge Hauptbetroffene, die die Problemdimension zwar erkannten, aber auch keinen Rat wussten.

Keiner sah eine der Hauptursachen: Die Koppelung des Lebensunterhalts der Bevölkerungsmehrheit an die 40 bis 60 Prozent schädliche Erwerbsarbeit. Denn: notwendige Arbeit musste nicht »beschafft« werden. Im Gegenteil: Ihr Angebot war meist größer als die Nachfrage. Kaum jemand wollte noch Bäcker oder Altenpfleger werden. Arbeitsbeschaffung konnte dagegen nur überflüssige Arbeit neu beschaffen. »Bullshit-Jobs« nannte sie der US-Anthropologe David Graeber. Sie waren in der Menschheitsgeschichte bevorzugtes Mittel der Eliten, um den Bau ihrer Tempel, Pyramiden, Paläste, Flotten und Kanonen durchzusetzen. 2020 waren es vor allem vermeidbare Verpackung sowie Transportwahn und vermeidbarer Handel mit seinen riesigen Umschlaghäfen. Und warum? Weil man mit der künstlichen Übernachfrage die Löhne auch für die notwendige Arbeit drücken konnte. Im Grunde waren die Arbeitsbeschaffer nur Wasserträger der Multimilliardäre.

Deshalb sträubten sie sich auch so gegen ein Grundeinkommen. Es wäre das einzige Mittel gewesen, um den Einzelnen von überflüssiger und schädlicher Arbeit unabhängig zu machen. Ein Schritt zu wirklicher Selbstbestimmung, der gleichzeitig Klima, Demokratie und soziale Verteilung gerettet hätte. Nicht finanzierbar? Tatsächlich stieg das Sozialprodukt damals in den meisten Ländern immer noch an. Wenn auch nur 20 mal langsamer als die Milliardärsvermögen. Nicht trotz, sondern dank immer mehr Maschinen- und immer weniger Menschenarbeit.

Gastwirtschaft, 18.10.2019

Heißzeit nicht aufzuhalten

Alternative Energie bremst Klimawandel zu spät

In einer Million Jahre hat die Natur CO_2 aus der Luft in fossile Brennstoffe verwandelt, die wir in nur 150 Jahren in CO_2 zurückverwandelt haben. »Nicht menschengemacht«? Von wegen! Wieso steigt dann aber trotz immer mehr alternativer Energien der CO_2-Gehalt der Atmosphäre weiter an? Antwort: Die Ökonomen berechnen unter anderem die Herstellungsenergie falsch.

Bei einem Windrad ist das nicht nur die Energie für Produktion, Transport und Montage, sondern auch für die Gewinnung aller erforderlichen Bodenschätze für alle Teile und Zulieferteile, bis hin zu Wartung, Reparatur, Abriss und Müllverwertung. Ferner müssen für diese gesamte Bandbreite die entsprechenden Anteile für notwendige Sekundärproduktionen einbezogen werden: Stromautobahnen, Produktionsmaschinen, Transportmittel, Spezialtransporter und -hebefahrzeuge, Planungs- und Produktionsgebäude, Computer und Werkzeuge. Hinzu kommt noch der Anteil des Energieaufwands für alle Fahrten aller Beteiligten zu allen Arbeitsstätten und zurück. Die Herstellungsenergie für ein Elektroauto würde sich so (laut »heute«-Sendung) erst nach 86 Jahren amortisieren. Fazit: Allein mit alternativen Energien ist die Heißzeit nicht mehr aufzuhalten. Es geht nicht ohne Einsparung und Verkleinerung unseres ökologischen Fußabdrucks.

Eine ehrliche Ökonomie müsste alle notwendige Herstellungsenergie konsequent im Gegensatz zur Arbeitsunterlassung rechnen. Dann käme zum Beispiel noch der höhere Konsum infolge höherer Arbeitseinkommen hinzu. Genau das aber kann eine Ökonomie nicht leisten, die nach wie vor nach Arbeitsbeschaffung, Wachstum und westlichem Wohlstand strebt und die Physik der Dinge einfach ignoriert. Und auch die Politik kann aus wahlstrategischen Gründen niemals zugeben, dass nur die

Ärmeren dieser Welt wirklich ökologisch leben. Sofern sie nicht aus Not seltene Zugvögel essen müssen, wie in Afrika.

Natürlich ist der Aufbau alternativer Energien nicht falsch. Er hat nur viel zu spät, zu langsam, halbherzig und unehrlich begonnen. Erst wenn wir eines Tages unsere gesamte Energie zu 100 Prozent solar erzeugen, können wir sagen: von jetzt an wird die Heißzeit erstmals nicht mehr vom Menschen beschleunigt. Nur ist sie dann bereits lange da, und beschleunigt sich dank des getauten Permafrostbodens, Polar- und Gletschereises selber.

Gastwirtschaft, 6.11.2018

Blick zurück aus 2060

Worüber wir uns einmal wundern werden

Um 2018 erreichte die Krise der Volksparteien in Europa einen Höhepunkt. Ursache: Die damalige Politik hatte keinerlei Konzept für das große historische Jahrtausendereignis – die allmähliche Überwindung von Menschenarbeit durch Maschinen und Roboter. Da das Geld immer mehr von Maschinen verdient wurde, stiegen Produktivität und Wohlstand trotz immer weniger Arbeit ständig an.

Bei vernünftiger Verteilung hätte es allen immer besser gehen müssen.

Anstatt nun die Menschen durch Wohlstand und Bildung zu einem erfüllteren Leben zu befähigen, koppelte man ihre Existenzberechtigung zwangsweise weiter an die abnehmende Erwerbsarbeit. Und überließ das von den Maschinen verdiente Geld fast nur der Kapitalseite. Dieser Arbeitszwang löste riesige Folgeprobleme aus: Arbeit wurde durch ihr Überangebot immer mehr entwertet. Anstatt nun der steigenden Ungleichverteilung durch angemessene Besteuerung der Superreichen zu begegnen, spielten Politiker und Ökonomen deren Steigbügelhalter, forderten ein »Recht auf Arbeit« und markierten den Wohltäter, indem sie all ihre Schandtaten nicht mit Rendite, sondern mit Arbeitsbeschaffung rechtfertigten: Lohndumping, Arbeitslosenschikane, Rüstung und Wiederaufbau, Bürokratie, Bullshit-Jobs, vermeidbarer Handel, Transportaufblähung, Konsumrausch, Verpackungsmüll, Beleuchtungshedonismus, Umweltzerstörung, Energieverschwendung und Klimawandel. Und sie erzwangen durch Zerstörung wenig entwickelter Ökonomien eine weltweite Wirtschaftsmigration. Trotz dieses schnöden Wirtschaftsnationalismus fabulierte die deutsche Kanzlerin von »Win-win-Situation« und »Patriotismus«.

Und all das, obwohl der heutige Zustand des Globus sich schon damals durch Mega-Hochwasser, -Dürren, -Waldbrände sowie Abschmelzen der Gletscher und Pole massiv abzeichnete. Doch aus Angst vor Arbeitsverlust protestierten manche nicht etwa gegen Kohleabbau und zu niedrige Benzinpreise, sondern dafür. Als damals endlich ein Vorsitzender einer noch jüngeren, deutschen Partei die Abschaffung des Arbeitszwangs forderte, tönten die Vertreter der alten, bröckelnden Volksparteien: »Skandal«, »Quatschbegriffe«, »Katastrophenbusiness«. Und ruinierten den Globus durch sinnlose Arbeit lustig weiter.

Gastwirtschaft, 8.01.2019

Über Viren und Fetische

Überall die gleichen Handlungsmuster

Was Tigermücke, SARS, Zika und Schweinegrippe nicht vermochten, schafft das Coronavirus: Die endgültige Bankrotterklärung der Globalisierung. Mit ihm schlägt die Natur gegen ihre ärgsten Gegner zurück: Kreuzfahrer, Ferntouristen, Flugschamverweigerer, Handelsfetischisten.

Besonders pikant: Selbst Wirtschaftsinstituten und Globalisierungsbejublern wird jetzt klar, dass es nicht besonders klug ist, sich bei der Produktion von Autozubehör, Antibiotika, Schutzanzügen und Desinfektionsmitteln ausgerechnet von Ländern abhängig zu machen, in denen man Fledermäuse, Gürteltiere, Haifischflossen und Nashornpulver verspeist.

Titelte eine große überregionale Tageszeitung doch tatsächlich: »Deutschland gegen Corona-Virus gut aufgestellt.« Und meinte damit nicht etwa den Bevölkerungsschutz, sondern die Reserven und ins Auge gefassten Ausgleichszahlungen des Finanzministers an betroffene Industrien und Mehrheitsanleger.

Wie kommt das? Über die Diskrepanz zwischen Wirtschaftsliberalismus und Bevölkerungsinteressen ist an dieser Stelle schon mehrfach nachgedacht worden. Dieses Muster zieht sich inzwischen durch alle Lebensbereiche, ebenso wie die zugehörigen Augenwischereien, Pikanterien und die stets zu späten und zu laschen Maßnahmen. Rechtzeitige Grenzschließungen, Reise- und Handelsbeschränkungen traut sich keiner. Denn sie verstoßen ja gegen den Wachstumsfetischismus.

Beispiel Klimakatastrophe: Wirtschaftsinteressen diametral gegen Natur- und Bevölkerungsinteressen. Alles zu spät und zu lasch. Beispiel Fanproteste bei Fußballspielen: »Chaoten gegen Mäzen« formulierten die konservativen Mehrheitsmedien. Oder vielleicht doch eher: Junge Abgehängte gegen »Mehrheitseigner«? Zweifellos gab es ungehörige

Beleidigungen. Aber auch hier die übliche Pikanterie: Wer hat denn diese Fäkalsprache entfesselt? Antwort: die »Mehrheitseigner« aus Silicon Valley mit ihren zynisch so genannten »sozialen« Netzwerken. Gegen die die Staaten nicht nur nichts unternehmen. Sondern deren Repräsentanten von Kanzlerin und Ministern unterwürfig wie Staatsgäste empfangen werden.

Wie viele Viren, Dürren, Hassmails, Fluten und Orkane muss es noch geben, bis die Unverantwortlichen begreifen, dass ihre Wirtschafts- und Arbeitsideologie die Ursache ist?

Gastwirtschaft, 17.03.2020

Anmerkungen:

1. Die renommierte Virologin der ETH Zürich, Karin Mölling, hatte in einem Interview Tiermärkte als einen der drei Hauptverursacher von Epidemien bezeichnet (siehe Lit. verz. Kap. 5: Mölling). Die Kritik der Kolumne richtet sich dabei weniger gegen fremde Essgewohnheiten als vielmehr gegen deren schöpfungsfeindliche Begleiterscheinungen: Die vermeintlich potenzfördernde Wirkung von Nashornpulver ist neben Elfenbein eine der Hauptursachen für die Wilderei in Afrika. Und in TV-Dokumentationen war zu sehen, wie Haifische von Fangschiffen aus lebendig ins Meer zurückgeworfen wurden,

nachdem man ihnen die Flossen abgeschnitten hatte.

2. Mehrmals mussten damals Bundesligaspiele unterbrochen werden, weil Fans mit Transparenten den SAP-Gründer und Mehrheitseigner des TSC Hoffenheim, Dietmar Hopp, beleidigt hatten. Ihre Kritik richtete sich dagegen, dass dieser vorgeführt hatte, wie man mit viel Geld einen Regionalligaverein in die Bundesliga bringen konnte.

Falsche Fakten

Missverständnisse und Fakes in der Corona-Krise

Zu den Fakes über Corona gehören vor allem Statistiken. Ländervergleiche mit absoluten Zahlen sind wegen der extrem unterschiedlichen Einwohnerzahlen unsinnig. Sinnvoll sind meist nur Rechnungen pro Kopf, bzw. pro 100 000 Einwohner. Noch besser pro Kopf und Region. Darauf ist an dieser Stelle schon mehrfach hingewiesen worden, vor allem im Zusammenhang mit irreführenden Ländervergleichen bei Wachstumszahlen. In der Pro-Kopf-Rechnung standen Länder wie Südkorea, Iran und Italien mit ihren Einwohnerzahlen zwischen 52 und 83 Millionen bei Infektionen und Mortalität schon früh weit vor dem 20 bis 32 mal so großen China. Mitte März, als China im Pro-Kopf-Vergleich an 18. Stelle stand, geisterten durch die Medien immer noch Weltkarten, in denen lauter kleine millimetergroße Punkte einem zwei cm großen Kreis für China gegenüberstanden.

Italien stand in der Pro-Kopf-Rechnung schon früh weltweit an erster Stelle. Seine Zahlen waren sogar mehr als doppelt so hoch wie die des an zweiter Stelle stehenden Iran. Das löste das nächste Fake aus: Ursache sei die gleiche Disziplinlosigkeit, die zu Überschuldung und häufigen Regierungswechseln führe. Die übliche Stammtisch-Folklore. Die tatsächliche Ursache ist aber eine besondere Eigenschaft des neuen Virus: Es ist bereits bis zu zwei Wochen infektiös, bevor überhaupt Symptome auftreten. Niemand konnte merken, dass es längst auf Europa übergesprungen war.

Das ärgerlichste Fake: Die Regierungsmaßnahmen seien sinnlos übertrieben. Die Mortalitätsrate ginge bei Menschen bis 60 gegen Null. Lediglich Ältere mit Vorerkrankungen seien betroffen. Sind etwa geschätzte 10 Millionen alter Menschen mit Vorerkrankungen »lebensunwertes Leben«? Sind wir wieder soweit? Und hat man etwa bei der Grippewelle 2017/18 genauso gedacht? Damals starben in Deutschland 25 100 Menschen. Junge und alte.

Erstmals an dieser Stelle muss die Regierung in Schutz genommen werden. Zwar wären viele Maßnahmen wirksamer gewesen, hätte man sie früher und bundeseinheitlich erlassen. Aber da wären sie der Bevölkerung und den Fehlinformanten noch weniger vermittelbar gewesen.

Gastwirtschaft, 25.03.2020

Ende März 2020 reduzierte die Frankfurter Rundschau ihren Wirtschaftsteil wegen der Corona-Berichterstattung auf drei Seiten und setzte die »Gastwirtschafts«-Kolumnen bis voraussichtlich Anfang Juni aus. Die folgenden vier Beiträge konnten deshalb dort noch nicht erscheinen.

Letzte Warnung der Natur

Die Rettungsbillionen sind Chance für einen Systemwandel

»Nicht finanzierbar« war die häufige Ausrede der Politik, wenn es um Sozialausgaben oder Naturschutz ging. Da nahm die Natur ein kleines Virus und belehrte die Politik eines Besseren. Plötzlich haute Deutschland auf einen Schlag zusätzliche 130 Milliarden raus, die USA sogar eine Billion. Wenn das gut geht und nicht in Inflation oder

Staatsbankrott endet, wird künftig niemand mehr behaupten können, ein Grundeinkommen für die Bevölkerungsmehrheit sei nicht finanzierbar. Vielleicht werden wir sogar Zeuge des größten welthistorischen Ereignisses seit den Jägern und Sammlern: Der längst fälligen Umstellung der beschäftigungsbasierten Wirtschaft auf eine bedarfsbasierte.

Die bisherige beschäftigungsbasierte Wirtschaft produzierte ja nicht für den realen Bedarf, sondern für die »Vollbeschäftigung«. Je mehr Arbeit im Zuge der Industrialisierung von Maschinen übernommen wurde, desto mehr konnte man über den eigentlichen Bedarf hinaus produzieren. Diese evolutionswidrige Strategie lief unter dem Vorwand »Arbeitsplätze schaffen«. Das tatsächliche Motiv war aber: Je mehr überflüssige Arbeit, desto mehr Profit. Supermilliardären und Anlegern zuliebe wirtschafteten wir die Natur kaputt.

Eine bedarfsorientierte Wirtschaft geht umgekehrt vor: Sie stellt zuerst das Geld für den Lebensunterhalt und den tatsächlichen Bedarf ihrer Bevölkerung bereit und schaut dann, wie viel Arbeit dafür benötigt wird. Genau das wollte die 200 Jahre alte Idee des Grundeinkommens. Und genau das passiert jetzt gerade mit den Mega-Rettungspaketen. Trump liebäugelte zeitweise sogar mit »Helikoptergeld«. Er stellte sich dabei wohl vor, wie er im Wahlkampf aus seinem Helikopter handsignierte Schecks abwirft.

Hat die Natur mit ihrem Virus also vielleicht

doch eine Strategie? Nein, es sind bloß Reflexe auf menschliches Wirtschaften: Zu viele Menschen, zu viele Mega-Cities und zu viel Mobilitätswahn verbreiten zu viele Viren. Fortschritt? Milliardäre, Konzerne und Finanzminister überlegen schon wieder eifrig, wie sie die Natur zugunsten der Wirtschaft austricksen können. Und der Bundesrat hat mit Rücksicht auf Bauern und Virus sogar die Umsetzung der seit 29 Jahren überfälligen EU-Gülle-Verordnung verschoben.

25.03.2020

Anmerkung (12.04.2020):
Inzwischen hatte die deutsche Regierung das »Rettungspaket« auf zusammen 1,173 Billionen Euro erhöht (Die Zeit 8.04.2020). Prävention wäre besser gewesen. Die Neue Züricher Zeitung berichtete am 11.04.2020, Bill Gates habe bereits »vor genau fünf Jahren« gesagt: »Wenn es etwas gibt, was in den nächsten Jahrzehnten mehr als zehn Millionen Menschen töten kann, dann ist es sehr wahrscheinlich eher ein hochansteckendes Virus als ein Krieg.« Und im März 2016 habe Nikolaus von Bomhard, Vorstandsvorsitzender des weltgrößten Rückversicherers Munich Re in der FAZ geschrieben: »Es ist nur eine Frage der Zeit, bis ein entsprechend gefährliches Virus und die ›richtigen Umstände‹ zusammentreffen.«

Die Corona-Krise ist nur ein kleiner Vorgeschmack dessen, was uns bevorsteht, wenn der Klimawandel und die dadurch ausgelösten »Starkwetterereignisse« und Trinkwasserverknappungen Wellen von Klimaflüchtlingen auslösen und dazu eine neue Pandemie kommt. Alle Prävention ist deshalb zuerst Änderung der Wirtschaftsweise.

Leben wir in Yellowstone?

Unser Verständnis von Natur ist unrealistisch

»Alles, was Mainstream-Ökonomen gut finden, zerstört Natur«, wurde an dieser Stelle oft formuliert. Das ist aber nicht deren Alleinschuld. Ihnen hilft eine falsche Sehnsuchts-Vorstellung von Natur, die wir alle haben. Viele glauben, Wildnis sei ursprünglich sehr artenreich gewesen. Von wegen! Deutschlands Natur bestand ursprünglich zu 80 Prozent aus äußerst artenarmem »Hainsimsen-Buchenwald«. Sieht man von Flussauen, Mooren und Wattenmeer ab, waren die artenreichsten Landschaften immer Kulturlandschaften: die vormaschinelle bäuerliche Landschaft, die Lüneburger Heide, die Streuobstwiesen, der maschinengeformte Kaiserstuhl. In ihnen ruinierte Arbeit noch nicht die Welt. Wohlgemerkt: Kultur-, nicht Zivilisationslandschaften. Nicht Schnellstraßen, Gewerbezentren, Logistikzentren und subventionierte Agrarwüsten. Die empfand wohl nur Kanzler Kohl als »blühend«, ehe er sie über die DDR ausgoss.

Mit Natur verbinden viele vor allem Wald und Wölfe. Wissenschaftsferne Waldbücher werden zu Bestsellern. Während der größten Dürre sendete das TV auch schon mal einen Waldfilm, in dem ein Waldpromi mit Waldwanderern im Wald ein nächtliches Lagerfeuer anzündet. Und die Wölfe sind in unseren Plantagenwäldern so degeneriert, dass sie nicht mal mehr der Wildschwein- und Waschbärenplage Herr werden. Sondern nur noch im Blutrausch Schafe reißen und Wanderer um Futter anbetteln. Staatlich finanzierte Forschungsprojekte versuchen, der Wildschweinplage Herr zu werden, indem sie ihre »Bewegungsmuster erforschen«.

Demgegenüber gibt es großartige Natur- und Tierschutzprojekte: »Das Grüne Band«, die Wiederansiedlung von Adlern, Luchsen und Wildkatzen, mutige Doku-Filme über die Gräuel der Massentierhaltung. Es gibt aber auch Tierschutzvereine, die verwilderte Hauskatzen einsammeln und friedlich betäuben, sie dann aber nach Kastration wieder aufwecken und auf Singvögel loslassen. Es gibt Möwen, die keine Fische mehr jagen, sondern zu Hunderten nachts hoch am Kölner Dom Insekten. Die hat man von ihren Bestäubungspflichten weg dorthin in den Tod gelockt, weil »Lichtverschmutzung« überall als Wohlstandsindikator gilt.

Die Briten haben ihre bäuerliche Kulturlandschaft weit besser erhalten als wir. Damit nicht noch mehr Länder aus der EU austreten, sollten Brüssel und wir sie als Vorbild nehmen. Wir leben nicht in Yellowstone.

Über Zins und Wachstum

Die Wirtschaft ist von sich aus reif für den Umbau

Warum ist der Zins weltweit so niedrig? Viele denken, weil FED und EZB ihn künstlich niedrig halten, um Investitionen anzuregen und Wirtschaft und Wachstum anzukurbeln. Das ist aber ein Sekundärreflex. Die Primärursache sitzt tiefer: Die großen Aufbruchszeiten der Industrieländer mit den riesigen Investitionsvolumina sind vorbei, in denen auf Kosten der Natur Bergwerke, Eisenbahnen, Fabriken, Autobahnen, Häfen, Airlines, Flughäfen und Unis aus dem Boden gestampft wurden. Es gibt nur noch vier Investitionsgebiete:

1. Ökologischer Umbau
2. Digitalisierung und Robotik
3. Infrastruktursanierung
4. das weniger entwickelte Ausland.

Früher sparten traditionell Staat und private Haushalte, und die Konzerne investierten. Heute sparen auch die Konzerne, außer bei Strafzahlungen. Wenn aber alle sparen, geht der Zins von sich aus gegen Null, weil ihn keiner mehr zahlen kann und muss. Dieses Sparen wäre eigentlich die große Stunde für Natur und Staaten. Insgesamt müsste immer weniger Material mit immer weniger Arbeit bewegt werden, ohne dass der Wohlstand beeinträchtigt würde. Insgesamt ist also die Welt auch von der Wirtschaftsseite her reif für die große Drosselung von Wachstum und Arbeit und die Rettung des Planeten.

Mit der nicht unproblematischen Ausnahme von China sehen die Staaten das aber nicht in ihrem ideologischen Wahn. Ökologischer Umbau und Sanierung machen ihnen keinen Spaß. Mit Investitionen in Entwicklungsländer glauben sie, die Schlangen an ihrem Busen zu nähren. Vor allem aber glauben sie, weniger Arbeitsplätze bedeuteten Hungertod für viele Menschen. Deshalb nutzen sie den Nullzins verzweifelt zu künstlicher Arbeitsbeschaffung durch sinnlose Transporte, Verpackungen, Waffenproduktionen, Rüstungskäufe, Kriege und Wiederaufbaukonferenzen. Obwohl ja die Arbeit von weit mehr als 50 Prozent der Menschen längst von Maschinen übernommen wurde. In den Industrieländern leben diese 50 Prozent zum größten Teil von staatlichen Altersbezügen, Sozialleistungen und privat organisierten »Tafeln«. Zum kleineren Teil von privaten Vermögen und Renditen, deren Gesamtumfang die Staatshaushalte meist weit übersteigen, über die aber nie ein Parlament entschieden hat. Nur in den Entwicklungsländern verhungern sie oft schon als Kind.

Da löste der staatliche Übervölkerungs-, Arbeitsbeschaffungs- und Mobilitätswahn versehentlich einen Naturreflex durch ein kleines Virus aus, das ihnen die Pangolin-Schuppen eigentlich hätte von den Augen fallen lassen müssen. Prompt hauten die Staaten Billionen raus, die vorher angeblich nicht da waren. Und sofort jammerte die Wirtschaft, man müsse so schnell wie möglich zurück zu den alten Arbeitsplätzen mit ihrer Naturzerstörung.

Nie wieder wie früher

Wie die Coronakrise zur Chance werden könnte

Die derzeitige Reaktion von Politik und Unternehmen auf die Wirtschaftseinbrüche infolge der Pandemie lautet: »Wir müssen so viele Arbeitsplätze erhalten wie irgend möglich!« Ist das wirklich die richtige Reaktion? Sieht man einmal von den »grünen« Arbeitsplätzen im Bereich der unmittelbaren

Erzeugung des Lebensbedarfs, bei der Produktion alternativer Energien und Antriebe sowie im Natur- und Landschaftsschutz ab, so heißt das praktisch: Wir wollen um jeden Preis weiter so viel Natur und Klima kaputt machen wie bisher.

Wäre es da nicht richtiger, die Coronakrise als einmalige Chance zu begreifen, den genau gegenteiligen Ansatz zu entwickeln und unter anderem zu fragen:

- Wie viel unnötiger Welthandel über große Entfernungen lässt sich durch regionale Autarkie und Verkürzung der Lieferwege einsparen?
- Wie viele Tagungen, Übernachtungen, Flug- und Bahnreisen lassen sich durch Videokonferenzen einsparen?
- Wie viele sinnlose Hin- und Rückfahrten zur Arbeitsstätte lassen sich durch Homeoffice einsparen? (Ein entsprechender Vorschlag von Arbeitsminister Heil stieß sofort auf heftigen Protest der Wirtschaft.)
- Wie viel Frieden ließe sich durch Diplomatie und Abrüstung erreichen statt durch Rüstung, Waffenkäufe und Nationen-Bashing?

Man müsste weiter fragen: Welche Urlaubsfernreisen und Kreuzfahrten sind tatsächlich ein Indiz für Wohlstand? Ist die jetzige Praxis wirklich vernünftig, bei der man erst die Agrar- und Textilwirtschaften ärmerer Länder durch Billigimporte aus reichen

Ländern zerstört, dann das eingenommene Geld unter anderem an betuchte Kreuzfahrer und Fernflieger reicher Länder verteilt? Die dann schließlich einen kleinen Teil davon in den ärmeren Ländern wieder ausgeben. Und so deren ursprüngliche bescheidene Autarkie in Abhängigkeit vom Tourismus reicher Länder verwandeln. Was dann auch noch als Beitrag für deren Wiederaufbau gefeiert wird.

Man könnte auch fragen: Was macht glücklicher? Sich auf Erdbeeren im Juni und Weintrauben im Herbst zu freuen oder ganzjährig über solche aus Südafrika?

Natürlich gäbe das alles zu Recht einen Aufschrei aller Beschäftigten im Bereich von Autoproduktion, Reise-, Transport- und Übernachtungsunternehmen. Den könnte man sich ersparen, würde man die jetzt zur Krisenbewältigung herausgehauenen Billionen zuerst und direkt an alle betroffenen Nicht-mehr-Beschäftigten verteilen und nicht ohne jede Kontrolle und Gewinnbeteiligung an fossile Fluglinien und Autoindustrien sowie an Steuervermeidungskonzerne, die damit spekulieren oder verbotene Gifte in andere Länder exportieren. Natürlich wäre das alles nur möglich im Zuge eines langfristigen Umbaus der gesamten Wirtschaft. Mit einer sukzessiv, aber total veränderten Verteilungs- und Beschäftigungspolitik. Und natürlich ist das nicht einfach. Denn die Kapitalseite wusste sehr genau, warum sie ihre Verflechtungen mit der Globalisierung so unumkehrbar festgezurrt hat. Nur mit einem solchen Totalumbau lassen sich künftige Klimakatastrophen, Flüchtlingswellen und Pandemien wirklich bremsen, wenn auch nicht mehr völlig aufhalten.

Eine solche Chance, wie sie die Natur jetzt mit ihrem Corona-Vorwarnreflex liefert, kommt so schnell nicht wieder.

Literatur

Fett gedruckte Jahreszahlen sollen deutlich machen, wie lange Gedanken und Konzepte schon in der Welt sind, ohne dass konservative Ökonomie und Politik sie zur Kenntnis genommen haben.

1. Welcher Reichtum erzeugt Armut?

Brecht, B. **(1934)**: Reicher Mann und armer Mann. In: Alfabet, Kindergedichte. Brecht: Gesammelte Werke in fünf Bänden, Band 3: Gedichte. Berlin 1973, S. 327

Butterwege, Chr. (2009): Armut in einem reichen Land. Frankfurt/M.

Ders. (2020): Die zerrissene Republik. Wirtschaftliche, soziale und politische Ungleichheit in Deutschland. Weinheim

Creutz, H. (1999): Armut und Reichtum. Zwei Seiten einer Medaille. In: Zeitschrift für Sozialökonomie Nr. 123

DIW (2009), Frick, J.R./ Grabka, M.: Gestiegene Vermögensungleichheit in Deutschland. Wochenbericht Nr. 4

Hartmann, M. (2002): Der Mythos von den Leistungseliten. Frankfurt/M.

Ders. (2007): Eliten und Macht in Europa. Frankfurt/M.

Kaden, W. **(1988)**: Wirtschaftskommentare. In: Der Spiegel, Hamburg, 1/88 u. 11/90

Jaeggi, U. (**1969**): Macht und Herrschaft in der Bundesrepublik, Frankfurt/M. Neuausgabe (1973): Kapital und Arbeit in der Bundesrepublik, Frankfurt/M.

Krysmanski, H-J. (2012): 0,1 %. Das Imperium der Milliardäre. Frankfurt/M.

Kennedy, M. (1994): Geld ohne Zinsen und Inflation. München

Maddison, A. / OECD (2003): Reales BIP von Deutschland 1950 – 2001 (Grafik). In: The World Economy, S. 50 ff. Sowie in: Moewes, G. (2014): Arbeit zwischen Verherrlichung und Entwertung, Humane Wirtschaft 2/2014, S.14

Moewes, G. (2004): Auf dem Weg in die Plutokratie. In: Moewes, G.: Geld oder Leben, Wien, München

Ders. (2005): Warum die Reichen immer reicher und die Armen immer ärmer werden. Mairede auf der Hauptversammlung des DGB Thüringen auf d. Domplatz in Erfurt, 1.05.2005. Humanwirtschaft 4/2005, Wuppertal.

Ders. (2009): 17,6 Millimeter gegen vier Kilometer – beträgt die Ungleichverteilung in Deutschland. Interview in der Sendung »Dortmund extra«, Radio 91.2, 13.05.2009, 18.00 Uhr

Ders. (2011a): Aller Hunger der Welt mästet nur die Milliardäre. Interview Radio F.R.E.I., Erfurt am 22.11.2011

Ders. (2011b): Warum wird so wenig gegen die Kluft zwischen Arm und Reich getan? Interview, Thüringer Allemeine 27.12.2011, Erfurt.

Ders. (2012): Die Privatbillionen sind Ursache der Krise. Interview mit Tom Aslan von Global Change Now. Youtube 2.07.2012

Phillips, K. (1990): The Politics of Rich and Poor. New York. Deutsch: Die amerikanische Geldaristokratie (2002). Frankfurt/M., New York

Piketty, Th. (2013): Le capital au XXI siècle. Paris. Deutsch (2014): Das Kapital im 21.Jahrhundert. München

Ders. (2020): Kapital und Ideologie. München

Spiegel, Der (**1969**): Vermögensbildung. Paradies der Reichen. Titelgeschichte 31/1969, Hamburg

Veblen, Th. (**1899**): The Theorie Of The Leisure Class. New York. Deutsch (1958): Theorie der feinen Leute. Köln/Berlin

Welt, Die (2017): Bilanz: Die 1.000 reichsten Deutschen. Beilage 27.08.2017, Hamburg

Wüllenweber, W. (2012): Reichtum durch Arbeit ist etwas für Anfänger. In: STERN 13/2012, Hamburg

2. Begleiterscheinungen und Folgen

Creutz, H. (1993): Das Geldsyndrom. Wege zu einer krisenfreien Wirtschaftsordnung. München

Krugman, P. (2000): Schmalspur-Ökonomie. Die 27 populärsten Irrtümer über Wirtschaft. Frankfurt/M.

Meadows, D. (**1972**): Grenzen des Wachstums. Stuttgart

Moewes, G. (1995): Das Märchen vom Wohlstand durch Wachstum. In: Moewes, G.: Weder Hütten noch Paläste. Basel, Boston, Berlin

Ders. (2004): Auf der Suche nach Auswegen. In: Geld oder Leben. Wien, München

Ders. (2005): Ein etwas anderer Bericht zur gesamtwirtschaftlichen Lage. Ökonomie aus Sicht der Bevölkerungen. Vortrag bei der Duisburger »Stiftung Umwelt, Gesundheit u. Soziales« am 30.11.2005. In: Humanwirtschaft 2/2006, Wuppertal. S. auch: Wikipedia unter »Deglobalisierung«.

Oppenländer, K.-H. (1988): Wachstumstheorie und Wachstumspolitik, München

Zinn, K.G. (1980): Die Selbstzerstörung der Wachstumsgesellschaft. Hamburg

3. Wirkungen auf Stadt und Land

Brecht, B. (**1947**): Fragen eines lesenden Arbeiters. In: Gesammelte Werke in fünf Bänden, Band 3: Gedichte. Berlin 1973, S. 251

Kaltenbrunner, R. (1998): Zerstört Architektur die Welt? Über ganzheitliches Bauen in der Beschäftigungsgesellschaft. Frankfurter Rundschau 7.04.1998. Rezension: von Moewes, G. (1995): Weder Hütten noch Paläste.

Moewes G. (**1968**): Die große Vereinseitigung. Funktionalismuskritik auf dem Werkbundtag 1968 in Berlin. In: werk und zeit 11/68, RIAS 13.10.1968 und 2.01.1969, Kunst und Handwerk 2/1969, Auszug in werk und zeit 3/82 München

Ders. (1987): Die Republik als Schrebergarten? Welches Bauen ist ökologisch? In: baumeister 7/87, München

Ders. (1995a): Weder Hütten noch Paläste. Architektur und Ökologie in der Arbeitsgesellschaft. Basel, Boston, Berlin

Ders. (1995b): Die Auflösung der letzten Landschaften. In: Moewes, G. (1995a)

Ders. (1995c): Die Stadt, die Arbeit und die Entropie. In: Architektur Jahrbuch. München, New York. Sowie (1999): La Città, il Lavoro, l'Entropia. Vortrag am 12.03.1999, Universität Palermo mit Goethe-Institut.

Schütze, Chr. (1996): Leiden unter der Erdenschwere. Eine Streitschrift um Entropie und Architektur – und um Gesellschaft und Ökologie. Süddeutsche Zeitung, 14/15.08.1996.

Rezension: von Moewes, G. (1995): Weder Hütten noch Paläste.

4. Falsche Vorstellungen von Arbeit

Allmendinger, J./ Eichhorst, W./ Walwei, U. (Hrsg. 2005): Arbeitsstunden pro Jahr je Erwerbstätigen 1960-2002 (Säulendiagramm). IN: IAB-Handbuch Arbeitsmarkt, S. 202 ff. Sowie in: Moewes, G. (2014), S.12

Böll, H. (**1963**): Anekdote zur Senkung der Arbeitsmoral. In: Welt der Arbeit. Wochenzeitung des DGB, 22.11.1963. Sowie: Wikipedia.

Bontrup, H.-J. (2011): Arbeit, Kapital und Staat. Köln

Bontrup, H.-J./Massarat, M. (Hrsg., 2013): Arbeitszeitverkürzung jetzt! 30-Stunden-Woche fordern! Bergkamen

Clausius, R. (**1865**): Zweiter Hauptsatz der Wärmelehre und Entropie-Begriff

Charlier, J. (**1848**): Guaranteed Minimum Income. In: Solution du problème social ou constitution humanitaire, basée sur la loi naturelle. Brüssel

Deckstein, D. (1993): Arbeit nur noch für eine Elite? In: Süddeutsche Zeitung, 24.03.1993. München

Deckstein, D. (1993): Die Arbeit teilen lernen. In: Süddeutsche Zeitung, 4.11.94. München

Fromm, E. (**1966**): The Psychological Aspects of Guaranteed Income. In: Theobald, R., (Hrsg): The Guaranteed Income. New York

Glaser, H. (**1988**): Das Verschwinden der Arbeit. Düsseldorf, Wien, New York

Gorz, A. (**1989**): Kritik der ökonomischen Vernunft. Sinnfragen am Ende der Arbeitsgesellschaft. Berlin

Graeber, D. (2018): Bullshit Jobs. Vom wahren Sinn der Arbeit. Stuttgart

Guggenberger, B. (**1988**): Wenn uns die Arbeit ausgeht. München, Wien

Huber, J. (**1979**): Anders arbeiten, anders wirtschaften. Frankfurt/M.

Illich, I. (**1979**): Das Recht auf schöpferische Arbeitslosigkeit. In Huber, J. (Hrsg.) (1979)

Lafargue, P. (**1880**): Das Recht auf Faulheit. Edition Sonne und Faulheit. Berlin 1978 (Replik auf das 1848 artikulierte »Recht auf Arbeit«)

Mendelsohn, K. (**1987**): Das Rätsel der Pyramiden. Bereits die Pyramiden dienten der Macht durch Arbeitsbeschaffung. Bergisch-Gladbach

Moewes, G. (1989): Die Republik als Arbeitswüste? Über Zusammenhänge von Arbeitsbeschaffung, Bauen und Landschaft. In: Landschaft und Stadt 2/1989, Hrsg. v. Inst. f. Landsch. u. Landespflege d. Univ. Hannover. Stuttgart. Sowie: Turris Babel 29/1993, Hrsg. v. Architektenkammer Norditalien. Bozen. Sowie (1994): Dialektik, Enzyklopäd. Zeitschr. f. Philosophie u. Wissenschaft. Hamburg

Ders. (**1995**): Beschäftigungsstaat oder Vermeidungsgesellschaft? In: Moewes, G.: Weder Hütten noch Paläste. Architektur und Ökologie in der Arbeitsgesellschaft. Basel, Boston, Berlin

Ders. (2002): Von der Megalomanie des Geldes zur Megalomanie der Architektur. Festvortrag bei der Verabschiedung von Prof. Dr. Margrit Kennedy am 4.07.2002 an der Universität Hannover. Erweiterte Fassung in: Zeitschrift f. Sozialökonomie 135/2002

Ders. (2006): Nachhaltiges Bauen in einer Verschwendungsgesellschaft? Arbeitsbeschaffung contra Vermeidung. Vortrag am 23.11.2006 in der RWTH Aachen auf Einladung der Bürgerinitiative gegen das »Bauhaus Europa«. In: ÖkologiePolitik 133/2007. München

Ders. (2013): Arbeitswende. Die Überwindung des Beschäftigungsstaates. Pad, Bergkamen

Ders. (2014): Arbeit zwischen Verherrlichung und Entwertung. In: Humane Wirtschaft 2/2014. Wuppertal

Ders. (2016): Arbeit ruiniert die Welt. Festvortrag zum 90. Geburtstag von Christian Schütze, Süddeutsche Zeitung am 16.12.2016 in Wolfratshausen. In: Humane Wirtschaft 1/2018. Wuppertal.

Ders. (2019): Über Wirkungen von Globalisierung und Welthandel. In: Humane Wirtschaft 4/2019. Wuppertal

Negt, O. (**1984**): Lebendige Arbeit, Enteignete Zeit. Frankfurt/M./Berlin

Paoli, G., Hrsg. (2002): Mehr Zuckerbrot, weniger Peitsche. Aufrufe, Manifeste und Faulheitspapiere der Glücklichen Arbeitslosen. Berlin

Rifkin, J. (**1990**): Entropie – ein neues Weltbild. Frankfurt/M./Berlin

Ders.(1996): Das Ende der Arbeit und ihre Zukunft. Frankfurt/M.

Russell, B. (1974): Lob des Müßiggangs. Zürich

Schmid, Th., Hrsg. (**1984**): Befreiung von falscher Arbeit. Thesen zum garantierten Mindesteinkommen. Berlin

Schütze, Chr. (**1989**): Das Grundgesetz vom Niedergang. Arbeit ruiniert die Welt. München/Wien

5. Folgen falscher Arbeit

Carson, R. (**1962**): Silent Spring. Boston. Deutsch (**1962**): Der stumme Frühling. München

Enquete-Kommission »Schutz der Erdatmosphäre« des deutschen Bundestages **(1992)**: Klimaänderung gefährdet globale Entwicklung. Bonn/Karlsruhe

Gruhl, H. (**1975**): Ein Planet wird geplündert, Frankfurt/M. (Gruhl war bis 1978 CDU-Mitglied)

Mölling, K. (2020): Viren sind unsere Freunde. Interview in: DIE WELT, 10.03.2020, S. 20

Moewes, G. (**1995**): Industrialisierung und Sonnenlimit. In: Moewes, G.: Weder Hütten noch Paläste. Basel, Boston, Berlin

Ders. (1990): Bauen und Entropie. Architektur zwischen Evolution und Vormüll. In: baumeister 9/1990. München. Sowie (1992): Kritik der reinen Architektur. Reader der Fachschaft Architektur d. TU Hannover. Sowie: Turris Babel 29/1993, (Hrsg.) Architektenkammer Norditalien. Bozen.

Ders. (**2007**): Globus oder Kapitalismus. Der Scheinkampf des Kapitalismus gegen die Erderwärmung. In: Humanwirtschaft 4/2007. Wuppertal

Piper, N. **(1993)**: Vor uns der Niedergang. Über Nicholas Georgescu-Roegen. In der Reihe: Zeit der Ökonomen (16), Die Zeit 9/93. Hamburg

Schmidt-Bleek, F. (1994): Wieviel Umwelt braucht der Mensch? Berlin/Basel/Boston